지구는 오늘도 바빠요!

지구는 오늘도 바빠요!

초판 1쇄 2007년 7월 10일 | **초판 7쇄** 2021년 8월 10일

글 신현정·함석진 | **그림** 김재홍

편집 이세은·윤정현 | **마케팅** 강백산·강지연 | **디자인** 김진 디자인

펴낸이 이재일

펴낸곳 토토북 04034 서울시 마포구 양화로11길 18, 3층(서교동, 원오빌딩)

전화 02-332-6255 | **팩스** 02-332-6286

홈페이지 www.totobook.com | **전자우편** totobooks@hanmail.net

출판등록 2002년 5월 30일 제10-2394호

ISBN 978-89-9061-144-4 74400
　　　　978-89-9061-154-3 74400(세트)

ⓒ 신현정, 함석진, 김재홍 2004

이 책은 저작권법에 의해 보호를 받는 저작물이므로 무단 전재 및 무단 복제를 금합니다.
잘못된 책은 바꾸어 드립니다.

《지구는 오늘도 바빠요!》를 읽고 난 후 궁금한 게 있는 친구들은
이 책을 쓴 선생님께 메일(masic12@snu.ac.kr)을 보내 주세요.

제품명: 지구는 오늘도 바빠요! | **제조자명**: 토토북 | **제조국명**: 대한민국 | **전화**: 02-332-6255
주소: 서울시 마포구 양화로11길 18, 3층(서교동, 원오빌딩) | **제조일**: 2021년 8월 10일 | **사용연령**: 8세 이상

* KC 인증 유형: 공급자 적합성 확인
* KC마크는 이 제품이 공통안전기준에 적합하였음을 의미합니다.

⚠ **주의** 책의 모서리에 다치지 않게 주의하세요.

지구는 오늘도 바빠요!

신현정·함석진 글 | 김재홍 그림

www.totobook.com

 추천의 글

지구를 아는 것은 세계를 이해하는 출발점이 됩니다

김찬종 서울대 지구과학교육과 교수

여러분은 길이나 집에서 길게 줄지어 지나가는 개미들을 본 적이 있나요? 차례차례 줄을 지어 기어가다가 어느 지점에 이르면 개미들이 마구 뭉쳐 있는 것을 보았을 거예요. 바로 먹이가 있는 곳이죠. 그런데 개미는 어떻게 먹이가 있는 줄 알고 그렇게나 많이 먹이 주위에 모여들었을까요? 그건 개미들이 자기네 집인 땅속뿐 아니라, 주변의 환경까지 모두 잘 알고 있기 때문에 가능한 거예요. 맛있는 먹이를 먹기 위해 미리 길을 알아둔 것이죠.
그럼, 개미만 자기 주변의 환경을 살피는 걸까요?
사람도 자연 환경을 이해하고 이용해 왔어요. 우리가 밥 먹을 때 쓰는 그릇은 흙으로 만든 것이고, 우리가 살고 있는 집은 땅에서 나는 여러 가지 물질을 섞어서 만들었지요. 우리가 입고 있는 옷도 동식물을 이용해서 만들었답니다.
교통수단의 발달로 세계가 가까워지면서 우리가 알아야 할 것도 훨씬 많아졌어요. 예전에는 자기 나라에 대해서만 잘 알아도 충분했는데 이제는 지구 전체에 대해서 알아야 합니다. 다른 나라의 기후나 지형, 자원이나 자연 재해에 대해서 잘 알아야 미래에 어떤 일을 할 것인지 계획을 세울 수 있으니까요. 우리가 살고 있는 지구의 구석구석에 대해서 아는 것은 세계를 아는 것의 출발점이 됩니다.

그런데 지구에 대해서 아는 것이 그리 쉽지만은 않아요. 지구는 너무 커서 한눈에 알아보기에는 힘들고, 46억 년이나 되는 오랜 지구의 역사 이야기를 다 듣기엔 시간이 너무 오래 걸리거든요. 게다가 지구에서 우리가 직접 가 볼 수 있는 곳은 겨우 육지로 된 지구의 표면뿐이지요. 지구 표면의 70%는 바다이고 육지로 된 땅이라 해도, 그 속으로 들어가기는 매우 어렵기 때문입니다. 그래서 지구를 연구하는 과학자들은 아주 힘들게 조사를 하고 있어요. 때로는 깊은 바닷속까지 들어가는 잠수정이나 하늘을 나는 인공위성을 이용해서 지구에 대해 조사를 합니다. 또 어떤 과학자들은 깊은 바다 밑의 지층을 뚫기도 하고, 암석을 세밀하게 조사해서 지구의 옛이야기를 알아내기도 하고요. 그런데 과학자들이 밝혀낸 지구의 이야기는 참 재미있지만 어린 친구들이 이해하기에는 너무 어렵습니다.

반갑게도 이 책은 우리 친구들에게 지구와 관련된 것들을 쉽고 재미있게 알려줍니다. 이 책을 읽으면서 여러분은 물방울이 되기도 하고, 돌멩이가 되어 보기도 하고, 때로는 탐험가가 되어서 지구 속, 대기권, 바닷속 등 지구의 구석구석을 돌아보게 될 것입니다. 그 과정에서 지구의 옛날이야기도 듣고, 지구에 대한 사람들의 생각도 알게 되겠지요. 그러고 나면, 전 세계를 우리 집 앞마당 같이 생각하고 세계를 무대로 꿈을 펼쳐가는 사람이 될 수 있을 것입니다.

차 례

지구는 특별해요   8

지구를 소개합니다!

지구가 네모라고?   12
지구는 둥글다니까!   18
태양계 세 번째 행성, 지구   26
지구는 팽이야   34
삐딱한 지구   38

지구는 연결되어 있어요

땅은 혼자가 아니에요   44
하늘로 올라간 풍선   47
하늘은 4층이에요   49
구름은 어떻게 해서 비가 될까?   56
떨어진 비는 어디로 가지?   62
해류 타고 바다를 돌아요   68
바닷속은 어떻게 생겼을까?   73
땅과 바다와 하늘은 연결되어 있어요   78

흔들흔들, 쩍쩍 지구가 움직여요

돌덩이들의 저녁 파티 82
바위가 퇴적암이 되기까지 88
지구의 역사가 찍혀 있는 화석 90
뜨거운 먹보가 올라와요 96
못 말리는 변덕쟁이, 화산 100
어? 땅이 흔들려요! 106
지구 껍데기가 움직인다고? 112

지구의 기후는 다양해요

기후에 따라 생물의 모습이 달라요 118
얼어붙은 세상, 한대 기후 124
크리스마스트리의 고향, 냉대 기후 130
사계절이 있어요, 온대 기후 132
물이 부족해요, 건조 기후 135
지구 생물의 집합소, 열대 기후 139

지구는 우리를, 우리는 지구를 위하여! 148

쉿! 어린이 여러분에게 할 말이 있어요.

나는 지금부터 온 우주에서 가장 특별한 행성인 지구에 대해 얘기할 거예요.

그런데 이 이야기는 다른 별이 들으면 화낼지도 모르니까 이쪽으로 가까이 오세요.

왜 다른 별이 들으면 화낼지도 모르느냐고요?

온 우주의 별들은 그야말로 셀 수도 없을 만큼 많아요. 아마 지구 전체에 살고 있는 개미 수보다 훨씬 많을 거예요. 그 수많은 별들 중에서 지구가 가장 특별하다고 하면 화낼 별들이 아주 많겠죠?

하지만 어쩔 수 없어요. 누가 뭐래도 지구는 가장 특별한 행성인걸요.

지구가 왜 특별하냐고요?

그건 말이죠, 지구에겐 친구가 아주 많기 때문이에요.

지구는 46억 년 전 태양계의 세 번째 행성으로 태어났어요. 처음엔 딱딱한 암석이나 용암밖에 없는 못생긴 행성이었지만, 지금은 친구가 아주 많답니다.

눈에는 보이지 않지만 동물과 식물이 숨을 쉴 수 있게 지구를 감싸고 있는 하늘(공기) 친구, 커다란 지구에 생명이 살 수 있게 해 준 바다 친구, 우리가 딛고 사는 땅 친구.

이 세 친구들이 부지런히 일해 주는 덕분에 지구 위는 더운 곳, 추운 곳, 습한 곳, 건조한 곳 등으로 다양하게 나뉘어요. 그리고 이렇게 다양한 환경에 적응해 살아가는 다양한 모습의 생물 친구들이 있지요. 특히 사람은 생물 친구들뿐 아니라 하늘, 바다, 땅 친구들의 도움을 받으며 살아가고 있어요. 지구에 사는 이 친구들이 우리에게 어떤 도움을 주는지 자세히 알고 싶다고요?

그럼 나를 따라 오세요. 지구의 흥미진진한 이야기를 모두 들려줄게요.

지구를 소개합니다!

우리는 지구에 살고 있지만, 한눈에 지구를 볼 수 없어요. 왜냐하면 지구는 굉장히 크거든요.
우리가 보는 지구는 하늘 조금, 바다 조금, 땅 조금씩일 뿐이에요.
하지만 지구를 한눈에 보는 방법이 없는 건 아니에요. 우주선을 타고 지구 밖으로 나가면
동그란 지구를 한눈에 볼 수 있거든요.
그럼 우주선이 없었던 옛날에는 사람들이 어떻게 지구를 한눈에 보았을까요?
옛날에는 지구를 한눈에 볼 수 있는 방법이 없었기 때문에, 그저 상상할 뿐이었답니다.
옛날 사람들이 상상한 지구는 어떤 모양이었을까요?

지구가 네모라고?

이 이야기는 아주 오랜 옛날, 지구가 아직 네모이던 시절의
이야기예요. 아니, 지구가 원판이던 시절의 이야기던가?
사실은 나도 잘 모르겠어요.
어쨌든 그 정도로 오랜 옛날에는 아무도 지구가 어떻게 생겼는지
모르고 있었어요. 아니, 지구라는 이름조차 없었고, 그냥 '우리가
사는 땅', '세상' 정도로만 불렀지요.
그럴 수밖에요. 지구는 아주 커서 아무도 다 본 사람이
없었으니까요.

지구의 일부분인 바다도 사람에게는 아주 넓어서 아무도 그 끝까지
가 보지 못했어요. 가끔씩 바다 끝까지 가 보려고 한 사람도
있었지만, 태풍을 만나거나, 길을 잃어서, 혹은 먹을 것이 없어서
성공한 사람이 아무도 없었습니다.
그래서 사람들은 바다에 무시무시한 괴물이 살고 있는 것은 아닐까,
생각했어요. 또 어떤 사람들은 바다 끝까지 가면 낭떠러지가 있어서
떨어진다고 생각했어요.

그러던 어느 날, 세상에서 가장 힘센 세 나라인 이집트, 인도,
그리스의 사람들이 모였어요.
자신이 살고 있는 세상의 모습이 무척 궁금했거든요.

이집트 신관이 먼저 말했어요.
"세상은 네모난 모양의 땅덩이를 하늘의 여신 누트님이 감싸고 계신 것이 틀림없습니다. 그분은 긴 손가락과 발가락을 땅에 대고 허리를 굽혀 편평한 땅을 에워싸고 계십니다. 또한 그분의 몸에는 별이 새겨져 있기 때문에 우리가 밤마다 별을 볼 수 있는 겁니다."

오오, 사람들은 이집트 신관의 똑똑함에 탄성을 내뱉었어요. 이집트 사람들은 환호성을 질렀고, 다른 나라 사람들은 분하지만 이집트 신관의 설명이 맞는 것 같아서 어쩔 수 없이 인정해야겠다는 표정을 지었어요.

이집트 신관은 신이 나서 말을 이어 갔어요.

"매일 해와 달이 뜨는 것은, 해와 달이 우리가 볼 수 없는 커다란 배에 실려서 옮겨지기 때문입니다. 그게 아니라면 저 하늘에서 어떻게 해와 달이 움직일 수가 있겠소?

또한 땅 아래에는 나일 강의 근원이 되는 지하수가 있어서 언제나
나일 강이 마르지 않게 하지요."
간단하고 깔끔한 설명이었어요.

그때 인도 학자가 날카롭게 지적했어요.
"당신은 아주 중요한 걸 빼먹었소! 무거운 땅을 무엇이 받치고
있는지를 설명하지 않았잖소."
그 한 마디에 이집트 신관의 얼굴은 단번에 굳어 버렸죠. 땅 아래에
무엇이 있는지는 한 번도 생각해 본 적이 없었거든요. 하지만 그대로
물러설 수는 없었기 때문에 힘을 내어 말했습니다.
"그렇다면 당신은 무엇이 이 땅을
받치고 있는지 안단 말이오?"
인도 학자는 가소롭다는
듯이 대답했어요.
"물론이지! 직육면체
모양인 땅의 네 귀퉁이를
네 마리 코끼리가 받치고
있음에 틀림없소! 그런

일은 코끼리같이 크고 신성한 동물만이 할 수 있지요."
과연…. 사람들은 고개를 끄덕였어요.
다른 동물도 아니고 세상에서 가장 큰 코끼리라면 이 땅을 받치고
있을 만하다고 생각했지요.
그리고 이러한 놀라운 사실을 생각해 낸 인도 학자의 지식에
감탄하는 소리가 여기저기서 터져 나왔어요.
하지만 이대로 물러설 이집트 신관이 아니었답니다.
"그럼 그 코끼리는 무엇이 받치고 있나요?"
"어허! 그렇게 당연한 것을 묻다니, 그 코끼리는 거북이가 받치고
있소. 거북이의 단단한 등딱지 위에 코끼리가 올라가 있는 거요."
"그럼 그 거북이는요?"
"거북이는 어마어마하게 큰 물뱀이 받치고 있소.
그 물뱀은 세상을 가득 채우고 있는 바다를 헤엄쳐 다니는데,
가끔씩 몸을 비틀 때면 지진이 나는 것이라오."
지진이 나는 이유까지 설명하다니! 사람들은 더욱 놀라워했어요.
인도 학자의 위대함에 아무도 뭐라고 말할 수 없었습니다.
이집트 신관도 더 이상 따지지 않았어요.

이제 남은 것은 그리스 대표뿐이었습니다. 그리스는 예전부터 과학이 발달한 곳으로 유명했지요. 모두들 그리스에서 온 아리스토텔레스가 지구에 대해서 어떻게 말할까 궁금했답니다.
드디어 아리스토텔레스가 입을 열었어요.
"땅은 둥그런 공처럼 생겼습니다. 그래서 저는 '둥그런 땅'이라는 뜻에서 우리가 살고 있는 세상에 지구라는 이름을 붙였지요."
이집트, 인도에서 온 사람들은 물론 응원하러 같이 온 그리스 사람들마저 깜짝 놀라서 외쳤어요.
"세상이 둥그런 공이라니! 도대체 어떻게 저런 해괴망측한 생각을 한 거지?"

지구는 둥글다니까!

어린 콜럼버스는 항구에 사는 소년이었어요.
학교가 끝나면 언제나 바다가 보이는 부두에 앉아 시간을 보내곤
했죠. 부두에 앉아 바다 쪽을 보고 있으면 수많은 배가 드나드는
것을 볼 수 있으니까요. 집보다 훨씬 큰 하얀 배가 수많은 사람에
의해 움직이는 것은, 콜럼버스에게 무엇보다 재미있는
구경거리였답니다.

그러던 어느 날 콜럼버스는 이상한 사실을 발견했어요.
그날도 다른 날과 마찬가지로 부두에 앉아 멀어져 가는 배를
바라보고 있는데, 배가 부두에서 멀어질수록 점점 가라앉는 것이
아니겠어요?

"큰일 났어요, 큰일 났어요. 배가 가라앉고 있어요!"
콜럼버스는 자리에서 벌떡 일어나 소리쳤습니다.
"콜럼버스야, 무슨 일이냐?"
"마르코스 아저씨, 저기 보세요. 배가 점점 가라앉고 있어요.
바닥에 구멍이 뚫렸나 봐요. 어서 가서 사람들을 구해야 해요!"

그 말에 아저씨도 깜짝 놀라서 콜럼버스가 가리키는 배를 주의 깊게
보았어요. 과연 콜럼버스의 말대로 그 배는 이미 가라앉아 갑판도
보이지 않고, 겨우 돛대만 보였어요.
하지만 마르코스 아저씨는 피식 웃으며 이렇게 말했죠.
"콜럼버스야, 원래 멀리 가는 배는 저렇게 가라앉는 것처럼
보인단다. 실제로 가라앉지 않는데도 말이지.
저기 오른쪽에 있는 갈색 배도 가라앉는 것처럼 보이지 않니?"

콜럼버스는 아저씨가 가리키는 방향을 보았습니다.
갈색 배가 가라앉는 것처럼 바닥이 먼저 보이지 않더니 서서히
갑판도 보이지 않았지요.
"정말이네…. 그런데 왜 그렇게 보이는 거죠, 아저씨?"
"글쎄다. 지구의 끝이 낭떠러지이기 때문에 그렇다는 사람도
있지만 떠나간 배들이 다시 돌아오곤 하니까 그건 아닌 것 같구나.
머리 아픈 생각일랑 그만하고 그물 손질이나 도와주렴."
그러나 콜럼버스는 그 이유가 너무나 궁금해서 다른 일을 할 수가
없었어요.

> 어? 배가 점점 가라앉네

도대체 왜 배가 가라앉는 것처럼 보이는 걸까?
항구에서 배를 바라보고 있을 때는 물론, 학교에서 공부를 할 때도, 마르코스 아저씨를 도와 그물을 손질할 때도 콜럼버스의 머릿속은 온통 그 생각뿐이었지요.
그러던 어느 날, 도서관에서 책을 보던 콜럼버스는 아주 중요한 문장을 발견했어요.

"지구는 둥글기 때문에 항구에서 배가 멀어질수록 점점 밑으로 가라앉는 것처럼 보인다."

이 책은 그리스의 위대한 과학자이자 철학자인 아리스토텔레스가
쓴 책이었는데, 그도 콜럼버스처럼 매일 항구에서 배를 관찰하다가
이 사실을 깨달았답니다.
"그래! 지구는 둥글었던 거야!"
그때부터 콜럼버스의 인생은 바뀌었어요.

마침 이 시기에는 유럽 사람들이 인도에 가서 여러 가지 신기한
물건을 많이 사 왔는데, 아프리카를 빙 둘러서 지나가는 동쪽 길은
시간이 너무 오래 걸리고 위험했어요. 하지만 다른 길을 택할 수는
없었어요. 그때 유럽 사람들은 서쪽 바다로 계속 가면 세상의 끝인
낭떠러지에 도착해 그 아래로 떨어진다고 생각했거든요.
하지만 콜럼버스는 지구가 둥글다고 생각했기 때문에 서쪽으로
가더라도 인도에 도착할 수 있을 거라고 생각했어요. 동그라미는
어느 쪽으로 돌아도 한 바퀴를 돌 수 있잖아요?
하지만 아무도 콜럼버스를 믿어 주지 않았답니다.
뿐만 아니라 콜럼버스를 거짓말쟁이에 사기꾼이라고 욕했지요.
그래서 콜럼버스는 지구가 둥글다는 것을 증명하기 위해 서쪽으로
항해를 했어요.

그리고 마침내 콜럼버스는 아메리카 대륙, 즉 지금의 미국을
발견했어요. 비록 그곳이 인도는 아니었지만, 새로운 대륙을
찾아낸 거예요.
사람들은 서쪽 바다 끝에 낭떠러지가 아니라 새로운 땅이 있다는
사실에 깜짝 놀랐어요. 콜럼버스에게 거짓말쟁이라고 욕하는
사람도 사라졌고요.

콜럼버스가 미국 대륙을 발견하고 나서 약 30년 뒤의 일이에요.
마젤란이라는 탐험가가 콜럼버스처럼
서쪽으로 항해를 계속하여
지구를 한 바퀴 도는데
성공했답니다.
드디어 모든 사람이
지구가 둥글다는 것을
확실히 믿게 되었죠.

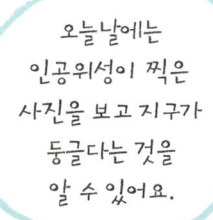

오늘날에는
인공위성이 찍은
사진을 보고 지구가
둥글다는 것을
알 수 있어요.

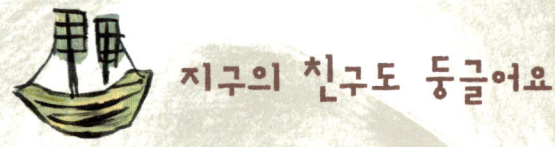

지구의 친구도 둥글어요

지구뿐만 아니라 태양과 달, 태양을 중심으로 돌고 있는 행성들도 모두 둥근 공처럼 생겼어요.
"어? 이상하네. 달은 동그랗지 않을 때가 더 많잖아요!"
맞아요. 하늘에 떠 있는 달은 모양이 매일 변해요. 어느 날은 반달이었다가, 어느 날은 완전히 둥근 보름달, 그리고 어느 날은 손톱만 한 달이 되죠. 달도 지구처럼 둥그런 공 모양이라면서 왜 매일 다르게 보이는 걸까요?
지구에서는 태양 빛을 반사한 달의 일부분만 볼 수 있어요. 그런데 달은 지구 주위를 한 달에 한 바퀴씩 빙빙 돌기 때문에, 지구에서 볼 때 달의 모습이 매일 변해서 모양이 다르게 보여요.

너무 밝아서 똑바로 쳐다볼 수 없지만, 태양도 둥그런 모양이에요. 아침에 아주 일찍 일어날 수 있다면, 동쪽에서 떠오르는 둥근 태양을 볼 수 있답니다. 한낮에는 태양 보기판을 통해서 태양을 보세요. 보름달 같은 둥그런 모습에 깜짝 놀랄 거예요.

지구에서는 태양과 달의 크기가 거의 비슷해 보여요. 태양은 지구나 달보다 훨씬 크지만 워낙 멀리 떨어져 있어서 그렇게 커 보이지 않는답니다.

태양계의 행성들도 모두 동그라미예요. 망원경으로 보면 예쁜 동그라미 행성들을 볼 수 있어요.

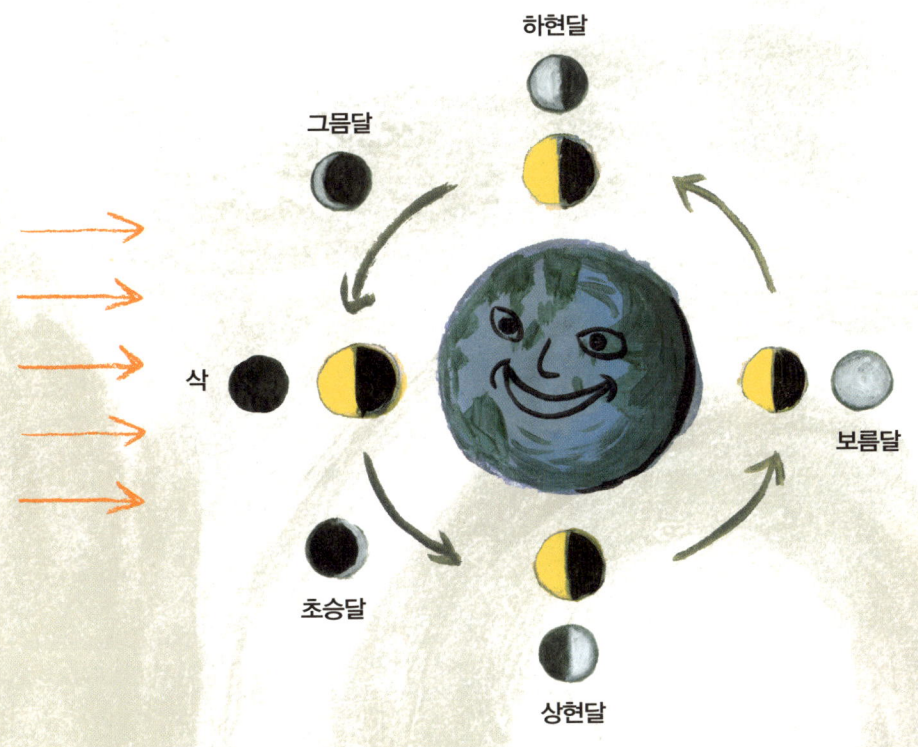

태양계 세 번째 행성, 지구

태양은 스스로 빛을 내는 거대한 불덩이예요.
밤하늘에 반짝이는 대부분의 별은 태양처럼 스스로 빛을 내는 불덩이랍니다. 이런 별을 항성이라고 해요.
태양은 지구, 화성, 목성 같은 별들을 여럿 거느리고 있어요.
이 별들은 태양 주위를 빙빙 도는데, 마치 '여행을 다니는 별'과 같다고 해서 행성이라고 불러요.
태양과 그 주위를 도는 행성들을 모두 합쳐서 태양계라고 하죠.

지구가 속한 우리 태양계에는 모두 8개의 행성이 있어요.
수성이 태양에 가장 가까이 있고 그 다음에 금성, 지구, 화성, 목성, 토성, 천왕성, 해왕성 순으로 늘어서 있지요.

행성들의 나이는 46억 살 정도로 거의 비슷하고,
목성이 가장 큽니다.
만약 목성이 태양의 가장 가까이에 있다면
다른 행성들은 태양 빛을 잘 받을 수 없을 거예요.

오늘은 태양계 반에 있는 지구가 자기소개를 하는 날이에요.
지구의 소개를 들어 볼까요.

"저는 우리 태양계의 세 번째 행성, 지구입니다. 이제부터 제
소개를 하겠습니다."
"와~."
지구가 발표를 시작하자 다른 행성 친구들이 박수를 쳐 줬어요.
"제 키는 12,712km입니다. 저는 공 모양이라 키와
너비가 거의 비슷하지만 사실은 너비가 조금 더 길어서
12,756km입니다."
지구의 너비가 키보다 더 긴 이유는, 하루에 한 바퀴씩 제자리에서
도는 자전운동을 하기 때문이랍니다. 여러분 피자 만드는 것을
보셨나요? 동그란 반죽을 열심히 돌리면 점점 옆으로 퍼지죠?
그것처럼 지구도 자꾸 돌다보니 옆으로 조금 퍼진 거예요.

"저의 허리둘레는 40,074km입니다. 이 길이는 제 몸에 있는
대한민국이라는 나라의 서울에서 부산까지의 거리보다 무려
90배나 더 깁니다.

지구의 둘레는 40,074km입니다.
지구의 키는 12,712km입니다.
지구의 너비는 12,756km입니다.

또 자동차를 타고 시속 200km로 200시간 정도를 쉬지 않고 달려야 제 허리둘레를 다 돌 수 있지요."
정말 엄청나지요? 그러니 지구보다 큰 목성은 얼마나 크겠어요.
지구가 자기소개를 계속합니다.

"제 겉넓이는 대한민국 넓이의 5,140배입니다. 즉 대한민국이 5,140개 있어야 제 몸 전체를 다 덮을 수 있답니다. 그리고 제 몸은 땅이랑 바다로 덮여 있는데, 땅은 그중 30%를 차지해요. 땅만 덮으려 해도 대한민국이 1,542개는 있어야 해요."
지구는 이렇게 커다랗지만 우리는 인터넷과 전화를 이용하면 아무리 멀리 있는 사람과도 동시에 이야기할 수 있고, 비행기를 타면 어디든지 갈 수 있어요. 지구가 둥근지도 몰랐던 500년 전에 비하면 정말 놀라운 일이지요.

"그리고 제 몸속에는 자석이 들어 있는데 북쪽이 S극, 남쪽이 N극이랍니다.
그래서 제 몸 위에 사는 사람들은 나침반을 이용해서 길을 찾지요. 자석과 나침반은 서로 다른 극끼리 끌어당기니까 나침반의 N극이 가리키는 방향이 북쪽입니다."
나침반만 있으면 지구 위에 사는 사람들은 언제 어디서나 북쪽이 어딘지 쉽게 알 수 있어요. 나침반이 발명된 뒤부터 사람들은, 먼 바다로 나가거나 깊은 숲 속으로 들어갈 때 방향을 찾기 위해서 나침반을 꼭 가지고 갔지요.
"이상으로 자기소개를 마치겠습니다."
짝짝짝짝~ 지구가 자기소개를 마쳤어요. 태양계의 다른 행성 친구들은 지구에 대해 알게 된 이 시간이 너무너무 즐거웠습니다.

 우리 반대편에 있는 사람은 안 떨어질까?

여러분 중에 어느 누구도 사람이 지구 밖으로 떨어졌다는 이야기는 들어 보지 못했지요?
그 이유는 지구에 중력이 있기 때문이에요.
<u>중력</u>은 우리가 하늘로 펄쩍 뛰어도 지구가 '안 돼, 나한테서 떨어지지 마.' 하면서 우리 몸을 지구 중심 쪽으로 당겨 주는 힘이에요.
우리가 두 발을 땅에 딱 붙이고 생활할 수 있는 것도, 모든 물체가 땅으로 떨어지는 것도 모두 중력 때문이랍니다. 그러니 우리 반대편에 있는 사람들도 거꾸로 서 있지만 떨어지지 않아요. 중력이 지구 위에 있는 모든 것을 지구 중심 쪽으로 꼭꼭 끌어당기고 있으니까요. 중력 덕분에 바닷물 한 방울도 우주로 튕겨 나가지 못하고, 공기도 우주로 날아가지 못해요.

이렇게 중력이 세니 우주로 나가는 일은 무척 힘들겠죠?
하지만 사람들은 기어코 우주로 나가는 방법을 찾아냈어요. 중력이 붙잡는 힘을 이겨낼 우주선을 만들었죠. 우주선은 아주 빠른 속도로 '쌩' 하고 잽싸게 하늘로 올라갑니다. 하늘을 향해 1초에 11.3km의 속력으로 달리면 지구를 벗어날 수 있어요. 이 속도를 가리켜 <u>지구 탈출 속도</u>라고 해요.

지구는 팽이야

아침이에요. 조금만 있으면 동쪽에서 해가 조용히 떠오를 거예요.
그러면 날이 밝고, 바쁜 하루가 시작되겠죠? 지구는 졸린 눈을
비비며 태양이 떠오르기를 가만히 기다렸어요.
그런데 이상하게도 태양이 떠오르질 않아요! 큰일입니다.
빨리 날이 밝아야 사람들이 일어나고, 그래야 학교도 갈 텐데
태양이 떠오르질 않다니!
그러면 더 이상 식물도 자라지 않고, 식물을 먹고 사는 동물도 살 수
없고, 그러면 사람도 살 수 없을 텐데….
이제 지구상의 모든 생물은 사라지게 되는 걸까요?
지금까지 이런 적은 한 번도 없었기 때문에 지구는 너무나
당황했어요.

'이상하네, 태양이 화가 났나? 어제 밤늦게까지 컴퓨터 게임을
한 걸까? 아니면 50억 년 동안 떠오르다 보니 이제 하루쯤 쉬고
싶은 걸까? 나이가 많아서 몸이 아픈가? 아이참…, 어쩌면 좋지?'

그러다가 지구는 깨달았어요.
'아 맞다, 태양이 움직이는 게 아니라 내가 도는 거였지!'
그리고 지구는 제자리에서 돌기 시작했습니다.
빙그르르….

우리는 매일 아침 태양이 뜬다고 말합니다.
비밀인데요, 사실 이건 모두가 잘못 말하고 있는 거예요.
실제로 태양은 땅 아래에서 땅 위로 떠오르거나, 동쪽 하늘에서
서쪽 하늘로 옮겨다니지 않는답니다.
그런데 왜 우리 눈에는 태양이 하늘에서 움직이는 것처럼
보일까요? 그것은 지구가 하루에 한 바퀴씩 제자리에서 도는
자전운동을 하고 있기 때문이에요.
마치 팽이처럼요!

지구도 나처럼 돌아요

지구는 하루에 한 바퀴씩 서에서 동쪽으로 자전을 해요.
그래서 지구에 살고 있는 우리 눈에는 마치 태양이 동에서 서쪽으로 움직이는 것처럼 보이는 것이죠.
우리가 버스를 타고 앞으로 가고 있을 때 길가에 서 있는 나무들이 뒤로 도망가는 것처럼 보이지요? 실제로 나무들이 움직이는 것일까요? 물론 그럴 리 없겠죠. 나무들은 그 자리에 그대로 있지만 버스가 앞으로 달리고 있기 때문에 나무들이 뒤로 도망가는 것처럼 보이는 것뿐이에요.
태양도 마찬가지랍니다. 실제로는 가만히 있지만 **지구가 서쪽에서 동쪽으로 자전하기 때문에, 마치 태양이 동쪽에서 서쪽으로 움직이는 것처럼 보이는 거예요.**

에고 어지러워!

지구뿐만 아니라 태양계의
모든 가족은 제자리에서
빙그르르 돌고 있어요. 태양도
마찬가지입니다. 태양에 가 본 적도
없는데 그것을 어떻게 알았느냐고요? 그것은
태양의 흑점 덕분이랍니다.
태양 표면에는 흑점이라고 하는 검은 점이 여러 개 있어요.
과학자들이 오랫동안 관찰한 결과, 이 흑점들이 왼쪽에서
오른쪽으로 조금씩 움직이고 있다는 것을 알아냈지요.
이 흑점들은 태양 표면을 대략 27일에 한 바퀴씩 돌고 있었어요.
그런데 흑점은 살아 있는 게 아니랍니다. 그러니 스스로 움직일 수
없죠. 그렇다면 생각할 수 있는 것은 한 가지!
태양이 자전하고 있는 것이죠. 그래서 태양에 붙어 있는 흑점이
움직이는 것처럼 보이는 거예요.

삐딱한 지구

　오늘은 12월 24일 즐거운 크리스마스이브예요.
산타클로스 할아버지는 착한 아이들에게 선물을 주려고
짐을 챙깁니다.
　아이들이 한 번도 보지 못한 북극의 얼음으로 만든 사탕,
눈 과자, 빙하 초콜릿, 게임이 없는 컴퓨터, 공부가 정말
잘 되는 책, 친구와 친하게 지내는 비법이 적힌 종이….
산타클로스 할아버지는 선물이 가득 담긴 꾸러미를
썰매에 실었어요. 그러고는 옷을 갈아입었습니다.
　북극에서 입던 두꺼운 털옷과 빨간 장화, 따뜻한 빨간
털모자를 벗고, 반바지와 반소매 티셔츠, 검은
선글라스를 꼈어요. 신발도 빨간 털신 대신 시원한
샌들을 신었고요.
　크리스마스인데 왜 그렇게 입느냐고요?

지금 산타할아버지는 **북반구***가 아닌 **남반구***에 있는
나라로 크리스마스 선물을 배달하러 가야 하거든요.
그리고 남반구의 크리스마스는 한여름이랍니다!

크리스마스라고 해서 어느 곳이나 겨울인 것은 아니에요.
여름에 크리스마스를 맞는 곳도 있지요. 호주나,
아프리카의 가장 남쪽인 남아프리카공화국 같은 곳이
바로 여름에 크리스마스를 맞는 나라지요.
아프리카에 있는 남아프리카공화국은 우리나라와
마찬가지로 봄, 여름, 가을, 겨울 사계절이 있는 나라예요.
그런데 우리나라와는 정반대로 11월에서 3월까지가
여름이고, 6월에서 9월까지가 겨울이랍니다. 즉 12월
25일 크리스마스에는 한여름인 것이죠.

* '지구 북쪽의 반쪽 공', '지구 남쪽의 반쪽 공'이라는 뜻이에요.

왜 같은 때에 북반구와 남반구의 계절이 다르냐고요?
그것은 바로 지구가 기울어져 있기 때문이에요.
**지구는 똑바로 서서 돌고 있는 게 아니라 옆으로 23.5° 정도
기울어져서 돌고 있답니다.**
지구본을 보면 지구가 똑바로 서 있지 않지요? 그것은 지구본이
고장이 난 게 아니고 지구가 원래 기울어져 있기 때문에 그렇게
만든 거예요. 만약 고장나서 그런 줄 알고 지구본을 똑바로 세워
놓은 친구가 있다면 빨리 원래대로 돌려놓으세요!

이렇게 기울어진 지구는 하루에 한 바퀴씩 자전하면서 일 년에
한 바퀴씩 천천히 태양의 주위를 도는 공전을 합니다.
그런데 이렇게 돌다 보면 어떤 때는 북반구가 햇빛을 더 많이 받고
어떤 때는 남반구가 햇빛을 더 많이 받아요. 북반구가 햇빛을 더
많이 받을 때는 북반구는 여름, 남반구는 겨울이 되지요. 1년 중
6월부터 8월 사이가 바로 이때에 속해요.
반대로 남반구가 햇빛을 더 많이 받을 때는 남반구는 여름,
북반구는 겨울이 되지요. 1년 중 12월부터 2월 사이가 바로 이때에
속해요.

그렇다면 그 중간쯤에 있는 나라는 어떨까요?
지구의 중심부인 적도 근처에 있는 아프리카 대륙의 나라들은 일 년 내내 항상 더워요. 언제나 일정하게 햇빛을 많이 받으니까요.
아무리 추워도 우리나라의 봄처럼 따뜻하지요
그래서 아프리카 사람들은 항상 여름옷만 입고 있어요.

지구는 지금으로부터 약 46억 년 전에 태어났어요. 그때 지구에는 지금과 같은 땅이나 하늘, 바다는 없었어요. 지구는 오직 뜨거운 불덩이일 뿐이었어요.
뜨거운 불덩이는 오랜 세월 동안 천천히 식어서 땅이 되었고, 땅이 생기고 나서 한참 뒤에 하늘과 바다가 생겨났답니다. 사람은 그보다 더 한참 뒤에 지구에 나타났고요.
땅밖에 없던 지구에 어떻게 해서 하늘과 바다 친구가 생겼는지 함께 알아볼까요?

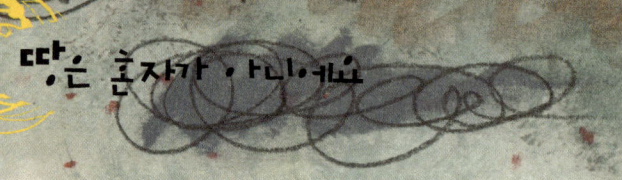

땅은 혼자가 아니에요

옛날 옛날에 지구가 생긴 지 얼마 되지 않았을 때, 지구에는 땅만 있었어요. 매일매일 위에서 집채만 한 돌덩이들이 떨어져서 아팠답니다. 하지만 하소연할 데도 없으니 혼자서 뜨겁게 부글부글 끓고 있었죠. 뜨겁고 붉은 액체가 흐르고, 펑펑 화산 폭발이 일어나는 땅에서는 아무 것도 살 수 없었어요. 땅은 외로웠답니다.

하지만 곧 친구가 생겼어요.
땅은 모르고 있었지만 화산이 폭발할 때 계속 여러 종류의 공기가 나오고 있었거든요. 공기는 매우 가볍기 때문에 땅에서 빠져나오자마자 위로 올라갔어요.
그리고 우주를 떠돌던 돌덩이들이 지구로 들어와 땅에 부딪혀 부서질 때도 공기들이 나왔지요. 이 공기들도 위로 올라갔어요.
위로 올라온 공기들은 모여서 드디어 하늘 친구를 만들었지요.
하늘이 생기자, 우주에서 땅을 향해 날아오던 돌덩이들은
하늘(공기)에 부딪히고 깎이거나 아예 없어져 버리기도 했어요.

하늘이 땅을 보호해 준 거예요!
그 후로도 공기들은 계속해서 하늘로 올라갔고, 그 공기들이 모여 하늘은 더욱 두꺼워졌어요. 얇은 담요처럼 땅을 감쌌던 하늘이 점점 두꺼운 솜이불이 됐다고나 할까요?

하늘에 있는 대부분의 공기는 수증기예요. 물을 끓이면 위로 올라가는 하얀 김이 보이죠? 그걸 수증기라고 해요.
하늘로 올라간 수증기는 물방울이 되었고, 이 물방울은 서로 모여 구름을 만들었어요. 그리고 이 구름은 비를 만들었지요.
이 비는 약 40억 년 전에 지구에 처음으로 내리기 시작했지요.
비는 뜨겁던 땅을 천천히 식혀 주었어요. 비는 멈추지 않고 계속 내렸지요. 수천 년 동안 내린 비는 낮은 곳으로 흘렀고, 한데 고여 바다를 만들었어요.

드디어 땅에게 하늘과 바다 친구가 생겼어요. 이 세 친구의 힘으로 수많은 생물이 태어나고, 사람도 살아갈 수 있게 되었지요.

하늘로 올라간 풍선

풍선은 지금 하늘로 둥실둥실 떠오르고 있어요.
방금 전까지만 해도 예쁜 꼬마 주인의 손에서 운동회를 구경하고 있었는데, 주인이 그만 실수로 실을 놓친 거예요.
주인과 헤어진 건 슬펐지만, 풍선은 난생처음 하늘에서 내려다본 풍경에 입을 다물 줄 몰랐답니다.
"우와아, 집들이 풍선만 하게 보이네~."

주인의 얼굴이 점점 멀어지면서 위로 올라갈수록 사람도 작아지고 집도 작아지고 모든 것이 작게 보였어요.
그리고 위로 올라갈수록 계속 추워졌어요.
"이럴 줄 알았으면 옷이라도 챙겨왔을 텐데…."
풍선은 처음 느끼는 추위에 몸을 한껏 움츠리고 싶었어요.
하지만, 풍선의 바람과 반대로 위로 올라갈수록 몸이 조금씩 커졌습니다. 위로 올라갈수록 풍선을 누르던 공기들이 점점 적어지면서 점점 힘도 약해졌거든요.

이렇게 사방에서 누르는 공기의 힘을 기압이라고 해요.
지구의 중력이 공기를 자꾸 당기기 때문에 아래쪽에 공기가 더
많습니다. 그래서 풍선이 위로 올라갈수록 점점 커진 거예요.

하늘 여행을 계속하던 풍선은 어느새 구름의 바로 밑까지 오게
되었어요. 땅에서 올려다보았을 때 하얗고 예쁘게 떠다니는 구름은
무엇으로 만들어졌는지 궁금했는데, 이제야 그 정체를 알게 되었죠.
그것은 바로 물방울이었어요.
구름은 하늘에 떠 있는 물방울(수증기)들이 모인 것이었고요.
하늘을 좀 더 자세히 살펴볼까요?

지구의 하늘은 공기로 되어 있답니다.
이 공기는 지구의 열이 우주로 빠져 나가지 못하도록 붙잡아 주기 때문에 지구가 추위에 떨지 않게 보호해 줘요. 또 태양에서 오는 대부분의 열을 반사시켜서 지구가 뜨겁게 달아오르지 않게 보호해 주지요.
만약 공기가 없었다면 지구는 달이나 수성처럼 밤에는 영하 100℃ 보다 낮고, 낮에는 영상 수백 도가 넘어서 생명체는 도저히 살 수가 없었을 거예요.
지구를 감싸고 있는 공기의 두께는 약 1,000km예요. 다른 말로 대기권이라 부르죠. 여길 넘어가면 우주랍니다. 자동차를 타고 시속 100km로 하늘을 향해 10시간 정도 달리면 우주에 도착할 수 있지요.

우리를 둘러싼 약 1,000km 두께의 공기는 어떻게 생겼을까요?
우주로 가는 엘리베이터를 타고 올라가 볼까요?

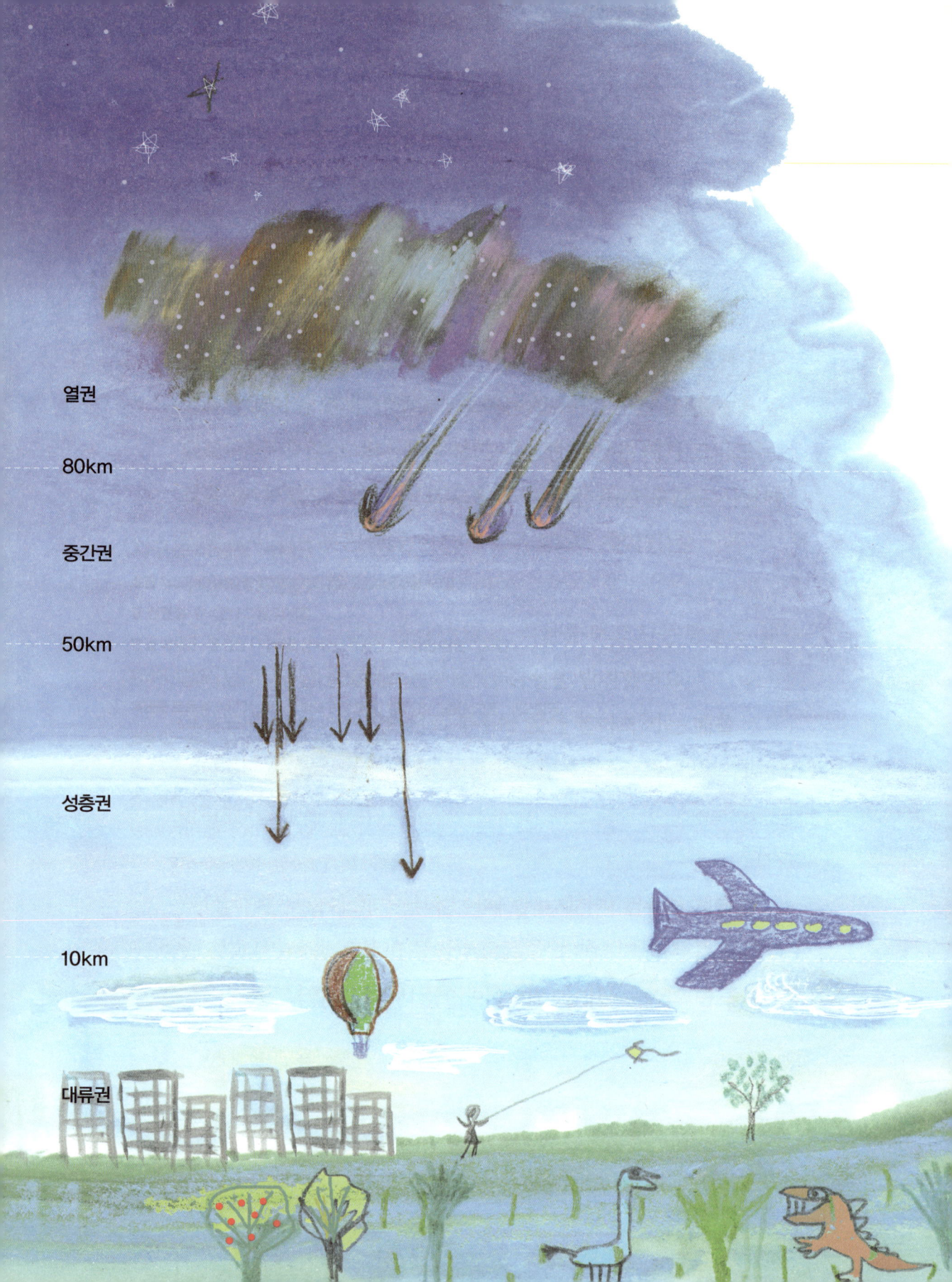

딩동. 여기는 1층 대류권이에요.
아하, 풍선이 여행한 곳이군요. 우리가 매일 숨 쉬면서 들이키는 공기가 있는 곳이에요!
대류권에 있는 공기는 아주 바쁘게 움직여요. 바람도 되고, 구름도 되느라 이리저리 돌아다니기 때문이죠.
구름은 '쏴쏴' 비를 뿌리기도 하고, '우르릉 쾅쾅' 번개를 치기도 하고, '펑펑' 눈도 내리게 해요. 대류권은 위로 올라갈수록 점점 추워져요.
어? 그런데 더 이상 추워지지 않네요. 여기가 어디일까요?

딩동. 여기는 2층 성층권입니다!
아래 있는 대류권에서 구름이 아무리 난리를 쳐도, 위층에 있는 성층권은 언제나 평화로워요. 공기가 한가하게 쉬고 있거든요.
바람도 없고, 구름도 없지요.

멀리 여행하는 비행기는 모두 이 평화로운 성층권에서 비행을 한답니다. 아래쪽 대류권에서는 폭풍이 몰아칠지라도 성층권만은 안전하단 말씀!

성층권에는 지구의 보호막인 오존층이 있어요. 오존층은 태양에서 날아오는 자외선을 먹어 치우고 뜨끈하게 열을 내요. 그래서 성층권에 있는 공기는 위로 올라갈수록 점점 따뜻해져요. 그런데 얼마 전, 이 오존층에 구멍이 뚫렸지 뭐예요! 사람들이 스프레이나 에어컨을 만들 때 오존층을 파괴하는 물질을 사용했거든요. 이 물질은 프레온 가스라고 하는 기체예요. 프레온 가스는 하늘로 높이 올라가 오존층을 파괴한답니다.
오존층이 없으면 **자외선***이 지구로 마구 들어와서, 식물이 말라 죽고, 동물은 피부병과 눈병에 걸릴 텐데 큰일이에요.

* 태양에서 뿜어져 나오는 전자기파로, 세균이나 동물의 세포를 파괴할 정도로 힘이 세요.

하루 빨리 대책을 마련해야 되는데….
열심히 고민하다 보니 엘리베이터 밖의 공기가 달라진 것도
몰랐네요.

딩동. 여기는 3층 중간권입니다!
중간권에 있는 공기도 1층 대류권에 있는 공기처럼 이리저리
돌아다녀요. 그런데 하도 공기가 적다
보니 열심히 움직여도 다른 공기를
만나기가 힘들죠. 수증기가 거의
없어서 구름도 안 생긴답니다.

대신 이곳에서는 별똥별이 떨어져요.
여러분은 별똥별을 보신 적이 있나요?
아주 맑은 밤하늘을 보면 가끔씩
뭔가가 빛나는 긴 꼬리를 남기면서 순식간에 떨어지는 것을 볼 수
있지요? 이게 바로 별똥별이에요.
별똥별은 우주를 돌아다니던 돌이 지구로 들어오다가 중간권의
공기에 부딪혀 타면서 빛나는 것이랍니다.

딩동. 여기는 마지막 4층, 열권이에요!
이름에서 느껴지는 대로 이 열권은 엄청나게 뜨거운 곳입니다.
공기의 온도가 2,000℃나 된대요.
열권에는 공기가 거의 없어요. 대류권에서는 공기끼리 1초
동안에도 몇 백 번씩이나 부딪히는데, 열권에서는 몇날 며칠을
여행해야 겨우 다른 공기 친구를 만날 수 있을 정도지요.

공기가 거의 없는 열권은
가끔씩 우주에 있는 물질이
들어오기도 하고, 지구에
있는 물질이 나가기도
하면서 우리 지구와 우주를
연결시켜 주는 곳이에요. 이곳에는
오로라라는 무척 아름다운 커튼이 있답니다.
오로라는 태양에서 날아온 전기 알갱이가 지구에 들어와, 열권의
원자나 분자에 부딪혀서 생기는 거예요.
지구에 들어온 전기 알갱이 대부분은 지구 양극으로 끌려가서
모이기 때문에 극지방에서 오로라가 특히 잘 보인답니다. 질소랑

부딪히면 보라색, 산소랑 부딪히면 붉은색이나 녹색을 만드는데, 하늘에 오색찬란한 커튼이 하늘하늘 춤을 추는 모습은 극지방의 명물이죠. 해마다 많은 사람들이 오로라를 보기 위해 추위를 무릅쓰고 북극이나 남극으로 갑니다. 밤하늘의 오로라를 보면 마치 꿈을 꾸고 있는 것 같을 거예요.

지구의 하늘	각 층의 특징	높이
대류권	구름은 대류권에만 있기 때문에 비나 눈도 대류권에만 와요.	0km-10km
성층권	오존층이 있어서 자외선을 막아 줘요.	10km-50km
중간권	우주에서 들어온 돌이 타서 별똥별이 돼요.	50km-80km
열권	아름다운 오로라 현상이 일어나요.	80km이상

구름은 어떻게 해서 비가 될까?

대류권에 있는 수증기는 높이높이 올라가면 온도가 내려가서 구름방울이 됩니다. 그리고 이 구름방울들이 모여서 빗방울이 되는 것이죠.

여러분은 빗방울의 크기를 재 본 적이 있나요? 사람도 큰 사람이 있고 작은 사람이 있는 것처럼, 빗방울의 크기도 모두 제각각이에요.

하지만 보통 1mm 정도의 크기가 되어야 빗방울이라고 부른답니다. 1mm라면 여러분이 가지고 있는 자에서 가장 작은 눈금 하나 정도의 크기예요. 정말 작죠?

그런데 사실 이렇게 작은 빗방울 하나를 만드는 데 구름방울이 무려 100만 개나 필요해요. 구름방울은 정말 작지요?

이렇게 작기 때문에 구름방울들은 아주 가벼워서 땅에 떨어지지 않고 하늘에 계속 떠 있을 수 있어요. 바람이 부는 대로 움직이기도 쉽고요.

그런데 어떻게 이 구름방울이 모여서 빗방울이 될까요?

구름 나라에는 수많은 구름이 살고 있어요. 구름 안에는 수많은 구름방울이 모여 있고요. 그런데 그 수가 얼마나 많은지, 구름 하나에 코끼리 100마리 무게 정도 되는 구름방울이 들어 있다지 뭐예요.

세상에, 바람에 날려서 땅에 떨어지지도 못할 만큼 아주 작고 가벼운 구름방울이 모여 코끼리 100마리만큼의 무게가 됐다니! 도대체 얼마나 많은 구름방울이 있는 건지 상상할 수도 없을 정도군요.

허리케인 같이 큰 구름에는 무려 코끼리 4천만 마리의 무게 정도 되는 구름방울이 들어 있답니다.

이것은 현재 지구상에 있는 코끼리를 모두 합한 수보다도 많은 양이에요. 정말 엄청나죠?

커다란 구름이 한데 모여 있는 구름 나라의 아래쪽에 꿈 많은
구름방울 초롱이가 살고 있었어요.
매일 하늘을 둥둥 떠다니는 것은 평화롭지만 호기심 많은
초롱이에겐 너무나 따분한 일이었어요.
그래서 초롱이는 옆에 있는 친구 구름방울에게 이렇게 말했죠.
"매일 나랑 똑같은 구름방울들만 보려니 너무 지루해, 땅으로
내려갈 수 없을까?"
하지만 친구 구름방울은 고개를 가로저으며 이렇게 대답했어요.
"너도 알잖니, 우리는 너무 가벼워서 아래쪽으로 가더라도 금세
바람에 밀려서 위로 올라오게 되고 말거야."

그래요, 사실 이제까지도 여러 번 내려가고 싶었지만 번번이
실패했거든요.
구름방울도 무게가 아주 조금은 나가기 때문에 중력이 끌어당기면

가끔씩 아래로 내려갈 때가 있어요. 하지만 너무 가벼워서 살랑 바람만 불어도 금세 밀려서 제자리로 돌아오곤 했지요.

그런데 그때, 위에서 다른 구름방울의 목소리가 들려왔어요.
"우리가 합체해서 무거워진다면 땅으로 내려갈 수 있어."
그 말에 초롱이는 귀가 솔깃했어요. 하지만 어떻게 합친다지?
"바람이 약해지면 우리 모두 아래쪽으로 떨어지잖아, 저 위쪽에 있는 구름방울 중 꽤 뚱보인 녀석이 하나 있거든. 무거우니까 아마 우리보다 떨어지는 속도도 빠를 거야. 그때 우리가 재빨리 껴들면 뚱보 구름방울과 합칠 수 있지 않을까?"
그럴 듯한 얘기였어요.
초롱이와 친구들은 위쪽에서 뚱보 구름방울이 떨어질 때 합치기로 했어요. 물론 쉽지는 않겠지만요.

잠시 후, 바람이 사그라지기 시작했어요.
수많은 구름방울이 천천히 아래로 떨어지기 시작했어요.
초롱이보다 위쪽에 있던 뚱보 구름방울도 아래로 떨어졌어요.
무거운 뚱보 구름방울이 초롱이와 친구들 옆을 지나칠
때쯤이었어요.

"합체까지 3초전."
"2초전."
"1초전."
"드디어 합체다!"
초롱이는 너무 기뻐서 소리쳤어요.

합체에 성공한 초롱이와 친구 구름방울들은 제법 무거워져서 더
빨리 아래로 떨어졌고, 떨어지는 동안에도 초롱이네처럼 합체에
성공한 다른 구름방울들과 계속 합체했어요.
가끔씩 아주 강한 바람이 불어와서 초롱이네를 다시 위쪽으로
올려 보내기도 했지만 상관없었어요.
바람이 약해지는 틈을 타, 다시 내려오면 되니까요. 게다가

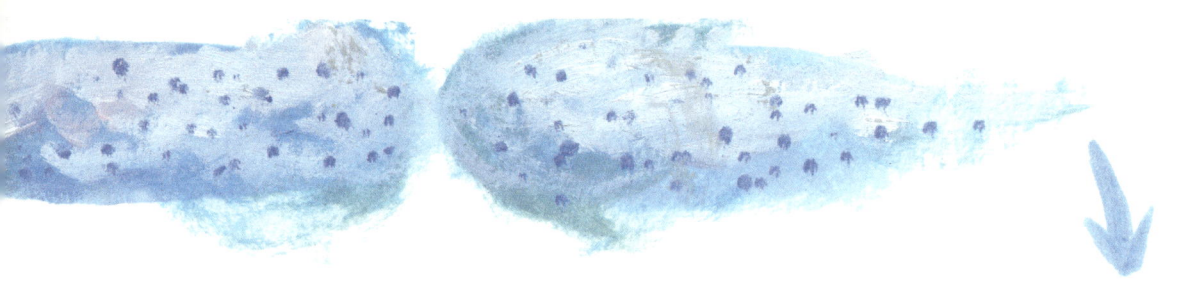

내려올 때 다른
구름방울들과 합칠 수
있거든요.
그렇게 해서 초롱이네는 아주
커졌답니다.

초롱이네 소식을 들은 다른 구름방울들도
서로 합치기 시작했어요. 저마다 더 큰
구름방울이 되기 위해 시끌벅적 난리도
아니었지요.
마침내 구름방울은 점점 커져서 바람이 밀어 올리지
못할 정도로 무거워졌어요. 무거워진 구름방울들은
드디어 하나둘 아래로 떨어지기 시작했어요.
아니, 이제 의젓한 빗방울이 된 거예요.

떨어진 비는 어디로 가지?

빗방울이 된 초롱이네는 드디어 땅 위에 도착했습니다.
처음 떨어진 곳은 어느 산의 나뭇잎 위였어요. 그러나 연이어 다른 빗방울들이 나뭇잎에 떨어지자, 무거워진 나뭇잎은 견디지 못하고 구부러져 버렸고 초롱이네 빗방울은 땅으로 '퐁' 하고 떨어졌죠.
초롱이네 빗방울이 떨어진 곳은 산속이었는데, 그곳에는 먼저 도착한 친구 빗방울들이 계곡을 이루어 어디론가 흘러가고 있었어요.
초롱이네 빗방울도 그 골짜기 물에 합류해서 함께 흘러갔습니다.

"안녕하세요, 우린 지금 어디로 가고 있나요?"
"중력의 도움으로 아래로 흘러가고 있는 중이지."
다른 빗방울이 대답해 주었어요.
"땅에는 정말 희한한 것이 많군요. 너무너무 신기해요."
"너, 하늘에서 온 지 얼마 안 되었나 보구나? 사실 이 정도는 정말 아무것도 아니란다. 앞으로 갈 길이 머니 마음 단단히 먹으렴."
비 때문에 많이 불어난 골짜기의 물은 거세게 흘러 금이 가 있던 바위를 깨기도 했어요.
"안녕, 넌 누구니?"
"난 돌이야, 방금 전까지 저 바위의 일부분이었지만 너희들이 부딪혀서 이렇게 떨어져 나왔지."
"어머, 미안해."
"아니야, 너희 덕분에 세상을 돌아보게 되어서 기뻐."
그렇게 물은 돌과 함께 여행을 계속했습니다.

산을 다 내려오니 눈앞에 여러 갈래의 물이 합쳐지는 큰 강이 보였어요. 이제까지의 계곡과는 비교도 할 수 없을 정도로 컸는데, 그 강은 다른 강과 합쳐져서 점점 커졌어요.

또 근처에는 여러 건물도 보이고 커다란 다리도 있었어요.
"이 강 이름이 뭐예요?"
"여기는 대한민국에 있는 한강이란다."
"아아, 여기가 한강이구나."
초롱이네 빗방울은 구름 나라에 있을 때, 땅에서 올라온 몇몇
친구들이 한강에서 왔다는 얘기를 들은 것이 기억났어요.
"그런데 사람들이 굉장히 많네요. 원래 땅에는 사람이 많나요?"
"어느 곳이나 이렇게 많은 건 아니고, 강 주위에 많지.
옛날부터 사람들은 이런 큰 강의 근처에 살았으니까."
"왜 그렇죠?"
"물을 얻기가 쉽기 때문이란다. 사람들은 우리를 마시지 않고서는
살 수가 없거든."
초롱이는 사람 몸속으로 들어가 살던 친구한테서도 이야기를
들었어요. 어쩌다가 수돗물이 되었는데 사람이 그 물을
끓여 마신 거지요.

초롱이는 생각했습니다.
'나는 앞으로 어떻게 될까? 이대로 강을 내려가 바다에 도착하게 될까? 아니면 그 전에 증발해서 다시 하늘로 올라가게 될까? 그도 아니면 사람이나 동물의 몸속으로 들어갈지도 몰라.'
초롱이는 어느 쪽이든 괜찮다고 생각했어요. 어디로 가든 세상에 물이 없는 곳은 없고, 그 말은 곧 어디로 가든 친구들을 만날 수 있다는 얘기거든요.
그렇게 초롱이는 앞날을 기대하며 강을 따라 여행을 계속했습니다.

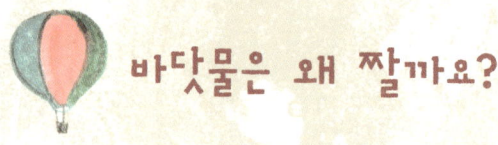

바닷물은 왜 짤까요?

바닷물은 왜 짤까요?

처음 지구가 태어났을 때는 이곳저곳에서 화산 폭발이 자주 일어났어요. 이때 나온 가스에는 소금 성분이 많이 섞여 있답니다. 이 가스들은 하늘로 올라가 빗방울이 되어 다시 땅으로 떨어졌지요. 지구에 오랫동안 내린 비는 바다가 되었습니다. 그래서 바닷물이 짠 거예요.

바닷물이 짠 이유는 땅속에 있는 소금 성분 때문이기도 해요. 빗물이 땅을 흐를 때는 땅속의 여러 가지 성분이 빗물에 녹아 들어가요. 이 중에는 소금 성분도 있지요. 소금 성분 이외의 물질들은 강을 흐르는 동안 바닥에 가라앉거나, 미생물이나 물고기들의 몸속에 흡수돼 버려요. 그래서 바다로 흘러가는 물에는 소금 성분이 가장 많이 녹아 있답니다.

또, 바다 밑바닥에 있는 땅에서 나온 소금 성분도 계속 바닷물로 녹아 들어가고 있어요.

이렇게 수십억 년 동안 소금 성분이 모이니, 바닷물은 짤 수밖에 없겠죠?

어? 강물에도 소금 성분이 있다는데, 강물은 왜 짜지 않느냐고요?

강물에 녹아 있는 소금 성분의 양은 많지 않거든요. 게다가 소금 성분이 녹아 들어간 강물은 바다로 흘러가 버리고, 하늘에서 비가 내려서 계속 새로운 물로 바뀌기 때문에 강물은 짜지 않답니다.

그렇다면 강과 바다가 만나는 부분의 물맛은 어떨까요?

강물과 바닷물이 만나는 곳의 물맛은 그렇게 짜지도, 그렇게 밍밍하지도 않아요. 마치 소금물에 물을 탄 것처럼요.

바닷물이 육지 쪽으로 밀려오는 밀물 때는 강의 힘이 약해져서 바닷물이 강의 안쪽으로 더 밀고 들어와요. 그래서 바다와 맞닿은 부분에 있는 강물에서 조금 짠맛이 나죠.

하지만 바닷물이 육지에서 쓸려 나가는 썰물 때는 강의 힘이 세져서 강물이 바닷물을 밀고 나갑니다. 그래서 강과 맞닿은 부분에 있는 바닷물은 그렇게 짜지 않아요.

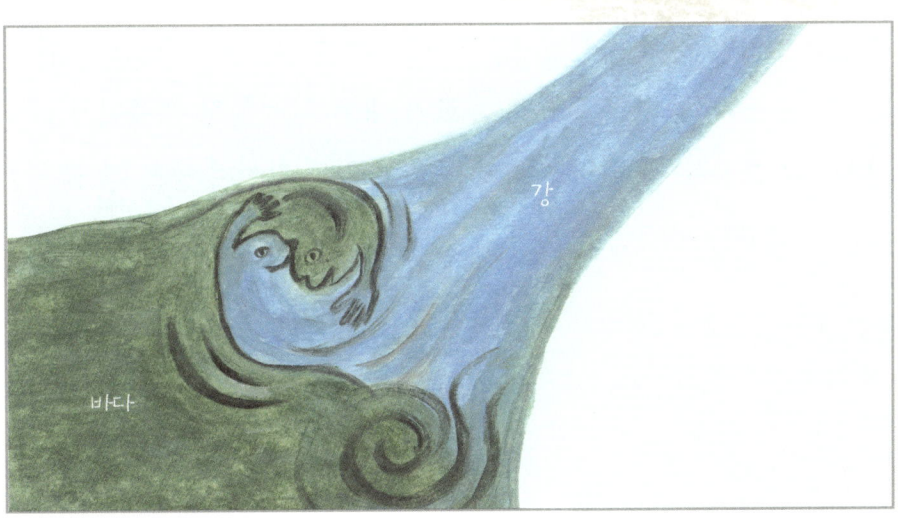

해류 타고 바다를 돌아요

한강을 따라 내려온 초롱이네가 처음 도착한 곳은 대한민국의 거의 모든 강들이 흘러 들어가는 서해였죠.

대한민국과 중국 사이에 있는 서해는 대한민국 강들의 종착역이에요. 북쪽에 있는 압록강부터, 평양의 대동강, 서울의 한강, 남쪽의 영산강에 이르기까지 대한민국에 있는 대부분의 강은 동쪽에서 출발해서 서쪽으로 흐른답니다.

대한민국의 동쪽 강원도 지방에는 높은 산이 많고, 반대로 서쪽은 평평한 평야가 많거든요.

물은 높은 곳에서 낮은 곳으로 흐르기 때문에, 강물도 동쪽에서 서쪽으로 흐르는 것이죠. 게다가 중국의 황허 강이나 양쯔 강 같은 커다란 강까지 서해로 흘러 들어가요.

하지만 강들이 서해로 흐른다고 해서 서해의 물이 아주 많은 것은
아니에요.
접시와 커다란 대야에 물을 담으면, 둘 중 어느 것에 더 많이 담을
수 있을까요? 당연히 대야겠죠. 서해는 세계의 바다와 비교하면
바닥이 납작한 접시 같아요. 그러니 바닷물도 많지 않지요.
서해는 바다 깊이가 평균 44m 정도로 얕아서 조금만 더워도 온도가
쉽게 올라가고, 바닷물이 많지 않아 더러운 쓰레기나 폐수가
들어가면 오염되기도 쉽답니다.

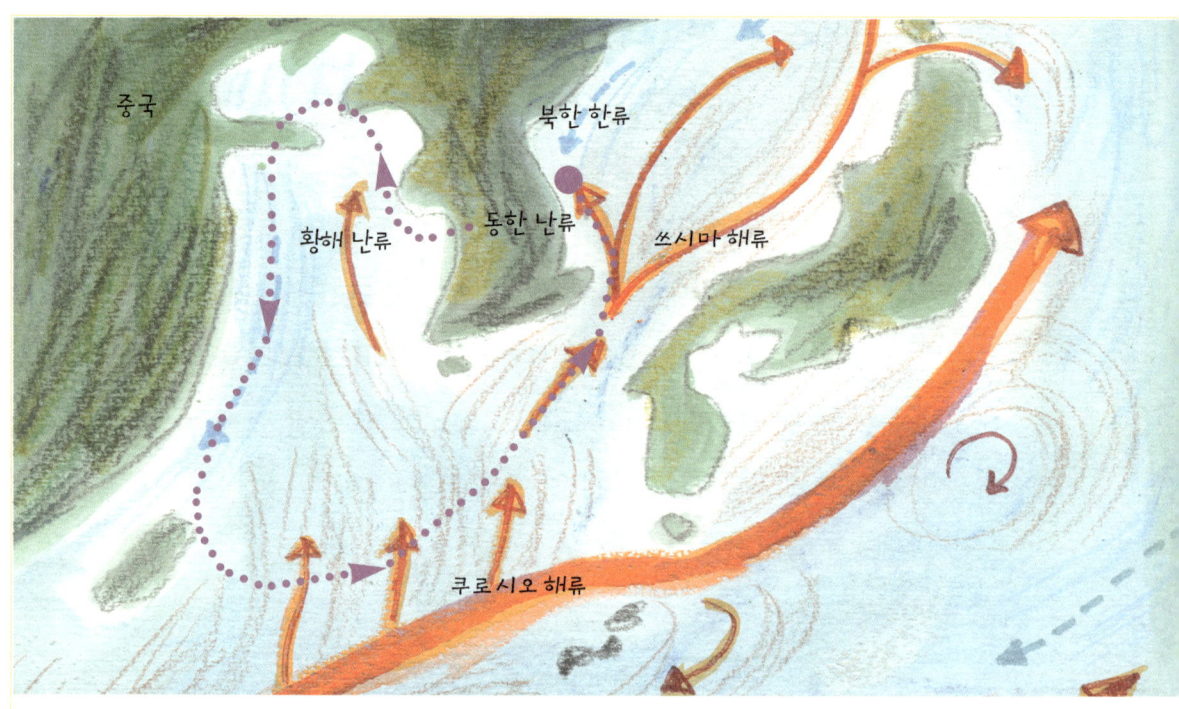

초롱이네가 해류를 타고 지나간 길

서해로 나온 초롱이네는 해류를 탔어요.
해류가 뭐냐고요? 해류는 바닷물이 흐르는 길이에요.
바닷물이라고 매일 처얼썩 쏴아 처얼썩 쏴아 하면서 앞뒤로만
움직인다고 생각하면 틀렸어요.
바다 위에서 바람이 불면 그 아래 바닷물은 바람에 끌려서 흐르게
되지요. 바람이 한쪽 방향으로만 계속 불면 바닷물도 정해진

방향으로만 움직여서 흐름이 생겨요.
해류는 마치 바다의 평면 에스컬레이터 같아서, 물고기도 배도 그 위에 있으면 저절로 움직이게 된답니다.

초롱이네는 서해 앞바다에서 황해 난류를 타고 북쪽으로 올라갔어요.
"더 이상 북쪽으로 갈 수가 없네. 바다가 끝났나 봐."
중국 대륙에 가로막힌 초롱이네는 서쪽으로 방향을 꺾어 중국의 해안을 따라 남쪽으로 내려왔어요.
"이제 대한민국에서 완전히 멀어진 건가?"
서해를 한 바퀴 돌아 내려온 초롱이네는, 대한민국에서 멀어지는 것 같았습니다. 하지만 다행히도 남쪽에서 올라오는 해류가 초롱이네를 다시 대한민국으로 데리고 갔어요.
"어? 우리가 대한민국 쪽으로 다시 올라가고 있네. 어떻게 된 일이지?"
"그건 말이야, 쿠로시오 해류 때문이야."
예전에 바다에 온 적이 있는 물방울이 초롱이네한테 알려 줬어요.
"쿠로시오 해류?"

"응, 일본의 남쪽 바다를 지나는 큰 해류인데, 적도 근처에서 올라와서 따뜻하지."

쿠로시오 해류는 대한민국의 제주도 근처에서 서해로 가는 황해 난류, 동해로 가는 동한 난류, 일본으로 가는 쓰시마 해류로 갈라져요.

초롱이네는 제주도 근처에서 동한 난류를 타고 대한민국의 동해로 들어왔어요.

"우와! 여긴 서해랑은 다른 모습이네?"

초롱이네가 간 동해는 평균 깊이가 무려 1,684m나 되고, 따뜻한 해류(난류)와 차가운 해류(한류)가 만나기 때문에, 물고기들의 먹이인 플랑크톤이 풍부해요. 그래서 여러 종류의 물고기들이 플랑크톤을 먹으러 이곳으로 온답니다.

"아, 이제 대한민국 바다를 다 돌았구나, 더 넓은 바다를 보고 싶어."

대한민국의 바다를 모두 돌아본 초롱이네는 세계의 바다를 돌아 보기로 했어요. 바다가 얼마나 깊고 넓은지 알아보기 위해서죠. 우리도 바다로 가면 초롱이네를 만날 수 있을까요?

바닷속은 어떻게 생겼을까?

지구에 있는 육지를 전부 다 깎아서 바다에 넣는다면 어떻게 될까요? 모두 육지가 되어 사람이 살 수 있는 땅이 넓어질까요? 땡, 틀렸어요.
바다는 너무 넓어서 육지를 깎아서 바다에 넣는다고 해도 바다의 3분의 1도 채울 수 없어요. 그러니 바다에서 초롱이네를 다시 만나기는 힘들겠군요.
땅에서 가장 높은 산인 에베레스트 산의 높이가 8,800m인데, 바다에서 가장 깊은 마리아나 해구는 가장 깊은 곳의 깊이가 약 11,000m 정도니 바다가 얼마나 깊은지 짐작하시겠죠? 에베레스트 산 꼭대기에 오르는 것보다 바다 밑 가장 깊은 곳으로 가기가 더 힘들어요.

겉보기엔 그냥 물로 보이지만 사실 바닷속은 아주 다양해요. 산도 있고, 계곡도 있고, 평지도 있죠. 마치 우리가 살고 있는 육지처럼요.

육지와 가장 가까이 있는 바닷속 땅은 깊이가 200m가 되지 않는 대륙붕이에요. 대한민국의 서해도 대륙붕이랍니다. 대륙붕은 전체의 10% 정도밖에 안 되지만, 이곳에는 여러 종류의 바다 생물이 살고, 석유나 천연가스 같은 자원이 많이 매장되어 있어요.

74 지구는 연결되어 있어요

대륙붕을 지나 더 깊은 바다로 들어가면 경사가 급한 대륙 사면이 나옵니다. 육지에서라면 동네 언덕 정도밖에 안 되는 경사이지만, 바닷속은 평평한 지형이 많기 때문에 바닷속 땅 중에서는 경사가 급한 편이지요.

대륙 사면을 헐레벌떡 내려가면 드디어 바다의 밑바닥인 평평한 **대양저 평원**이 나타나요. 이 대양저 평원은 수심 3,000~4,000m 깊이에 있어요. 우리나라에서 가장 높은 백두산이 2,744m니까, 백두산을 잘라 바닷속에 넣는다 해도 닿을 수 없을 만큼 깊지요. 대양저 평원은 깊기만 한 것이 아니에요. 바닷속 땅의 약 90%가 대양저 평원이라고 하니, 참 넓기도 하지요?

바다에는 육지처럼 골짜기도 있고 산맥도 있답니다.
해구는 바다의 골짜기예요. 평균 깊이가 6,000m 이상 되죠. 지구에는 약 27개의 해구가 있어요. 인도양에 1개, 대서양에 4개, 나머지는 태평양에 있지요.
태평양의 필리핀 근처에 있는 마리아나 해구에는 세계에서 가장 깊은 비티아스 해연이 있어요. **해연**은 해구 중에서도 특히 더 깊은 곳을 가리키지요. 세계에서 가장 높은 에베레스트 산이 8,848m인데 비티아스 해연의 깊이는 11,034m이니, 얼마나 깊은지 짐작이 가나요? 에베레스트 산꼭대기까지 오르는 것보다도 더 깊이 내려가야 해요.

해령은 바닷속에 있는 산맥이에요. 전 세계 바닷속에 뻗어 있는 해령의 길이를 다 합하면 약 80,000km나 돼요. 지구 둘레의 2배나 되지요.
세계에서 가장 긴 해령은 대서양, 태평양, 인도양, 북극해, 남극해의 가운데를 지나는 중앙해령이에요. 길이는 무려 60,000km로 전 세계 해령의 3/4을 차지한답니다. 정말 어마어마하게 길지요?

물 위에서 볼 때는 평평하기만 할 것 같은데, 바닷속 땅이 육지의 산이나 골짜기보다 더 깊고 험하다니, 놀랍지 않나요?
하지만 아직도 바닷속 땅의 모든 것을 알아내지 못했답니다. 아무도 바다 밑바닥을 걸어 보진 못했거든요.
어때요, 여러분이 과학자가 되어 바다 밑바닥을 걸어 보지 않겠어요?

땅과 바다와 하늘은 연결되어 있어요

먼 바다로 나온 초롱이네는 벌어진 입을 다물 줄 몰랐어요. 그곳에는 강과 비교도 안 될 만큼 친구가 많았거든요. 어느 곳을 둘러봐도 끝없이 물뿐이었으니까요.
그리고 초롱이네는 기억해 냈어요. 자신들도 이 바다에 산 적이 있다는 것을요.
초롱이네뿐만 아니라 이 세상 모든 물은 바다가 태어난 날부터 지금까지 끝없이 여행하고 있답니다. 바다에 있는 물들이 따뜻한 태양 빛을 받아 증발해서 수증기가 되면 하늘로 올라가고, 하늘로 올라간 수증기는 구름방울이 되고, 구름방울들이 모이면 구름이 되지요.

그리고 그 구름이 모여서 더 큰 구름을
만들고, 아주 큰 구름은 비를 만든답니다.
그렇게 해서 땅으로 내려온 비는 땅의
이곳저곳을 여행한 후에 모이고 모여 강이
되어서, 결국엔 바다로 돌아오지요.
그리고 이 물을 마시면서 이 세상 모든 생물이
살아가고 있어요.

**땅과 바다, 하늘 그리고 지구에 사는 생명체는
모두 하나로 연결되어 있답니다.**

흔들흔들, 쩍쩍 지구가 움직여요

지구의 땅은 어마어마하게 크고 무거워요. 높은 산도 있고 바다보다 낮은 땅도 있어서 겉모습이 울퉁불퉁하지요. 또 거무튀튀한 흙, 커다란 바위, 동글동글한 자갈, 고운 모래 등등 땅은 종류도 다양해요.
단단한 돌로 되어있지만 땅은 가만히 있지 않아요. 하늘이나 바다만큼이나 열심히 움직이고 있답니다.
쾅쾅 화산 폭발도 일어나고, 흔들흔들 지진이 일어나서 땅이 쩍쩍 갈라지기도 하지요.
땅이 얼마나 바쁘게 움직이고 있는지, 줄무늬 돌의 이야기를 들어 볼까요?

돌덩이들의 저녁 파티

관람객이 모두 집으로 돌아가고 **지질***박물관의 불이 꺼졌어요.
시끌벅적했던 하루가 끝났으니 푹 쉬면서 내일 다시 손님을 맞이할
준비를 하나 봐요.
그런데 이게 웬일이죠? 진열장의 불이 하나둘씩 켜지더니
여기저기서 돌덩이들이 움직이기 시작했어요.
어떤 돌덩이는 기지개를 펴고, 어떤 돌덩이는 몸단장을 하고, 어떤
돌덩이는 '에헴, 흠, 흠' 목청을 가다듬었어요.
아하, 돌덩이들의 저녁 파티가 시작됐군요.

지금은 하루 종일 진열장에 앉아 있는 처지이지만, 이곳에 오기
전까지 돌덩이들은 모두 굉장한 모험가였어요. 그래서 매일 저녁
자신들의 흥미진진한 모험담을 들려주는 이야기 파티를 열고
있었지요.
돌덩이 친구들은 안 가 본 곳이 없었어요. 산꼭대기, 깊은 바닷속,
뜨거운 땅속, 심지어 하늘을 날던 돌덩이도 있었으니까요.

쉿, 조용!
진열장 가운데 점잖게 앉아 있던 커다란 줄무늬 돌이 말하기 시작했어요.
"내 고향은 산꼭대기야…."

산꼭대기에 커다란 바위가 있었어요. 너무 크고 무거워서 아무도 그 바위를 움직일 수 없었죠. 비바람에도 끄떡없었어요.
바위는 자신의 우람한 몸매가 자랑스러웠어요.
세월이 500년쯤 흘렀을 때, 옆에 있는 소나무 친구가 말했어요.
"바위야, 네 덩치가 좀 작아진 것 같아.
갈라진 부분도 있고, 금 간 곳도 있는걸."
바위는 소나무의 말을 무시했어요. 자기처럼 단단한 바위는 작아지거나 갈라질 리가 없다고 생각했거든요.

야! 너 좀 작아진 것 같아

* 흙, 돌덩이, 바위, 지층 등 지구의 땅을 구성하고 있는 모든 물질.

그러던 어느 날, 바람을 타고 날아온 민들레 씨앗들이 바위의 갈라진 틈에 떨어져서 뿌리를 내리고 싹을 틔웠어요. 민들레들은 바위의 갈라진 틈을 따라 힘차게 뿌리를 뻗었지요. 여기저기 자라고 있는 민들레들 때문에 바위의 갈라진 틈은 점점 벌어졌어요. '쩍!' 결국 크고 단단하던 바위가 깨져 버렸답니다!

산꼭대기의 커다란 바위처럼 덩치 큰 바위들은 매일 바람에 쓸리고 때때로 눈과 비를 맞고, 사계절을 겪으면서 조금씩 깎이고 있어요. 이 변화는 아주 천천히 일어나기 때문에 우리는 눈치채지 못하고 있지요.

이렇게 돌이 깨지고 깎이는 과정을 풍화라고 해요.
지구가 처음 태어났을 때 육지는 흙이 하나도 없고 온통 바위투성이였어요. 오랜 세월 동안 풍화가 일어나서 흙이 만들어진 것이랍니다.
우리가 발을 딛고 사는 땅의 두께는 5,000~40,000m인데, 그중에서 흙의 두께는 1m도 안 된답니다. 그래서 산에 나무가 없으면 비가 올 때 흙이 쉽게 씻겨 내려가 버려요.
흙 아래는 모두 단단한 암석이에요. 이 암석이 흙으로 변하려면 몇 백 년 동안 풍화 과정을 겪어야 하지요.

산꼭대기에 있던 바위가 깨진 뒤 몇 개의 조각은 큰 비가 오던 날,
빗물에 휩쓸려 떠내려갔어요.
시원한 계곡 따라, 졸졸졸 시냇물 따라, 넓은 강을 따라 흘러갔지요.

강의 상류 | 야호! 경사가 급한 좁은 계곡 사이로 세차게 물이 흘러가요. 계곡 주변은 모나 있는 큼직한 돌덩이로 가득하지요. 높은 산 사이를 흘러가다 보면 주변에는 작은 산골 마을도 있고, 밭도 있어요. 어떤 곳에서는 멋진 폭포를 만날 수도 있어요.

강의 중류 | 골짜기에서 내려온 물이 모여서 강이 되었어요. 물의 양이 더 많아졌지요. 여기는 높은 산이 아니라서 물이 상류를 흐를 때보다 천천히 흘러가요. 그래서 강이 구불구불 흐른답니다. 강가에는 둥글둥글한 자갈과 굵은 모래가 많이 있어요. 삐쭉빼쭉하던 돌멩이가 강을 타고 오면서 모서리가 깎여서 둥글둥글해져요.

강의 하류 | 우와, 강이 점점 더 커졌어요. 여기는 거의 평지와 다름없으니 물이 아주 천천히 흐르지요. 함께 떠내려 온 자갈은 더욱 작아졌고요. 모래가 훨씬 더 많아졌어요. 물은 바닷가에 자갈과 모래와 흙을 내려놓지요. 드디어 바다를 만나요!

바위가 퇴적암이 되기까지

큰 바위에서 떨어져 나온 바위 조각은 강의 하류에 이르자 어느새 작고 동글동글한 돌멩이가 되었답니다.
바다와 만나는 강의 하류는 거의 평평해서 물이 천천히 흘러요.
물은 높은 곳에서 낮은 곳으로 흐르는데, 바다 근처는 거의 평평한 평지니까 물이 천천히 흐르게 되지요. 둘은 더이상 돌멩이, 모래알, 흙 알갱이를 데리고 다닐 힘이 없어진 거예요.
그러면 무거운 돌멩이가 가장 먼저 가라앉고 그 다음은 모래알, 흙 알갱이 순서로 천천히 가라앉습니다. 대신 진흙 알갱이는 아주 가볍기 때문에, 한참 동안 물속을 떠다니다 가장 늦게 가라앉지요.
이렇게 모래와 흙 알갱이를 비롯한 여러 가지 물질이 가라앉아 쌓이는 것을 퇴적이라고 해요.

강물은 쉬지 않고 매일 새로운 퇴적물을 데리고 와요.
그저께는 하얀 모래알들을 데리고 오고, 어제는 검은 자갈들을, 오늘은 빨간 흙을 데리고 왔어요.

바다는 워낙 넓고 깊어서 하루 이틀 쌓인 퇴적물들은 티도 안 나요.
수천 년 동안 매일매일 쌓여야 수십 미터 두께가 되지요.
이렇게 크기와 모양, 색깔이 다른 퇴적물이 샌드위치처럼 층층이
쌓인 것을 지층이라고 불러요. '땅에 생긴 줄무늬'라는 뜻이죠.

오랜 세월이 흘러 지층이 자꾸 쌓여서 점점 무거워지면 아래쪽
지층은 위에서 누르는 힘 때문에 눌리고 다져진답니다. 이때 물에
녹아 있다가 같이 가라앉은 여러 물질, 예를 들면, 조개껍데기에서
녹아 나온 물질은 돌멩이와 돌멩이, 모래알과 모래알을 딱 붙여
줘요. 모래성을 만들 때 모래에 바닷물을 묻히면 더 잘 만들어지는
것과 비슷하지요.
지층이 오랜 시간 동안 눌리고 굳어지면, 마침내 단단하고
어마어마하게 큰 바위가 만들어져요.
이렇게 만들어진 바위를 퇴적암이라고 해요.
퇴적암이 만들어지는 데는 수천 년이나 걸리지요.
산꼭대기에 살던 바위에서 떨어져 나온 바위 조각은
이렇게 해서 예쁜 줄무늬가 있는 커다란
퇴적암이 되었답니다.

지구의 역사가 찍혀 있는 화석

지구의 나이는 무려 46억 살이에요. 46억 번이나 떡국을 먹은 거지요. 상상이 되나요? 그런데 지구에 사람들이 살기 시작한 것은 겨우 300만 년 전부터랍니다. 그러면 나머지 45억 년도 넘는 세월 동안 지구에는 누가 살았을까요?

지구의 어린 시절이 궁금해질 때면 과학자들은 퇴적암에게 물어보아요. 퇴적암에는 화석이 남아 있거든요.

화석은 오랜 옛날 지구에 살던 동식물의 몸이나 흔적이 돌처럼 굳어진 것을 말해요. 그러나 모든 생물이 화석으로 남지는 않아요. 생물이 죽으면 그 시체는 대부분 다른 동물에게 먹히거나 미생물에 의해 분해되어 없어지거든요.

화석이 되려면 시체가 퇴적물과 함께 쌓여야 해요. 그리고 땅속에 묻힌 시체가 썩어서 없어지기 전에 재빨리 새로운 퇴적물이 위에 쌓여서 굳어져야 하지요.

그런데 동물의 피부나 식물의 잎 같이 부드러운 부분은 빨리 썩기 때문에 동식물의 모습이 온전하게 찍힌 화석은 만들어지기 힘들어요.
그래서 현재 남아 있는 화석은 거의 다 동물의 단단한 뼈나 껍데기 부분만 남아 있지요. 식물 화석도 퇴적암에 그 모습이 찍힌 흔적만 남아 있지(흔적 화석), 식물의 시체가 화석으로 남은 경우(체화석)는 드물답니다.

화석이 되기 위한 조건은 이렇게 까다로워요. 하지만 모든 조건을 갖추어 일단 화석이 되면, 퇴적암에 묻혀 오랫동안 남아 있어요. 어느 날 지진이 일어나서 퇴적암이 끊어지거나 비나 눈 등에 의해 화석을 누르고 있던 위쪽의 지층이 깎여 없어지면, 화석은 드디어 사람에게 발견된답니다.

화석을 관찰하면 여러 가지를 알아낼 수 있어요.
오래된 지층부터 새로운 지층까지 그 안에 찍혀 있는 화석의 변화를 관찰하면, 생물이 오랜 세월 동안 어떻게 변해 왔는지를 알 수 있답니다.
화석의 모양을 보고 그 생물이 살던 때의 환경을 알아낼 수도 있어요. 예를 들어, 산에서 삼엽충이나 조개 화석이 발견되면, 옛날에 이곳은 바다였구나 하는 사실을 알게 되는 거예요.

삼엽충 화석

화석은 석유나 석탄 자원을 찾을 수 있게 도와주기도 해요. 식물 화석이 발견된 곳 근처에는 항상 석유나 석탄이 묻혀 있거든요.

식물 화석

지구의 역사를 알려 주는 화석에 사람들이 관심을 가지기 시작한 것은 18세기 무렵부터예요. 이 시기는 산업이 막 발달하기 시작해서 사람들이 땅의 이곳저곳을 파헤쳐 광산을 개발하던 때였지요.

광산을 개발하느라 땅을 파던 사람들은 어느 날, 엄청나게 덩치가 큰 동물의 뼈와 어금니, 발톱 등을 우연히 발견했어요. 바로 공룡의 화석이었답니다.

하지만 이때까지만 해도 사람들은 지구에 아주 거대한 생명체가 산 적이 있다는 사실을 모르고 있었어요.

그저 이 거대한 미확인 동물 화석을 두고 온갖 상상의 나래를 펼쳤을 뿐이죠.

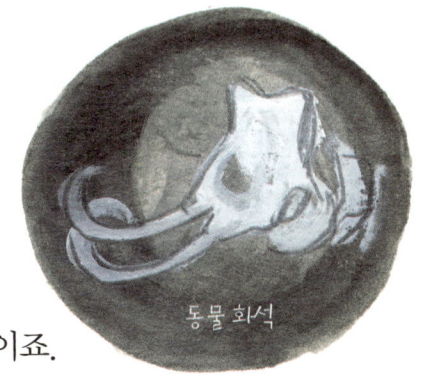
동물 화석

사람들은 공룡의 엄지발가락 화석을 코에 붙이기도 하고, 기다란 송곳니 화석을 머리에 난 뿔이라고 생각하기도 했어요. 같은 공룡의 화석을 사람마다 다르게 조립해 놓고는 서로 자기가 만든 모습이 맞다고 싸우기도 했지요.
그러다가 본격적으로 이 화석을 연구하는 과학자들이 생겨났고, 마침내 '먼 옛날 지구에 엄청나게 덩치가 크고, 생김새가 희한한 생물이 살았구나.' 하는 것을 알아냈지요.

19세기 초부터는 화석의 중요성을 깨달은 많은 과학자와 화석 발굴가가 본격적으로 화석을 발굴하기 시작했어요. 그중에는 어린이도 있었답니다.
미국의 플리너스 무디와 영국의 매리 애닝은 공룡 화석을 발견하는데 크게 공헌했어요.
특히 해안가 마을에 살던 애닝은 11살 때, 길이가 5m나 되는 이크티오사우루스 공룡 화석을 처음 발견했고, 일생 동안 공룡 화석을 많이 찾아냈답니다.

우리나라의 경남 고성은 세계적인 공룡 발자국 화석지로 유명하답니다. 강원도 영월은 5억 년 전에 지구에 살던 삼엽충 화석으로 가득하고, 경주 보문단지에는 굴과 조개 화석이 많지요. 아직도 우리나라 곳곳에 화석이 숨어 있을지도 몰라요. 그 화석들을 찾으러 떠나 보는 건 어때요?

뜨거운 역보가 올라와요

사과를 반으로 쫙 갈라보는 기분으로 지구를 반으로 쪼개 볼까요?
지구의 내부는 사과와 아주 비슷하게 생겼거든요.
지구는 크게 네 부분으로 나뉘어요.
사과 껍질에 해당하는 지각, 노란 사과 살에 해당하는 맨틀, 사과 씨앗에 해당하는 핵으로 나눠져요. 핵은 다시 내핵과 외핵으로 나뉘지요.

지각은 지구의 표면을 말하는데, 암석과 흙으로 되어 있습니다. 우리가 살고 있는 육지는 물론, 바닷속 땅도 모두 암석과 흙으로 되어 있지요. 우리가 살고 있는 육지는 대륙 지각이라 부르고, 바닷속에 있는 땅은 해양 지각이라고 부른답니다.
지각의 두께는 지역마다 조금씩 다르지만 평균적으로 지표면에서 지구 속 35km까지예요.

맨틀은 지각 바로 아래부터 지구 속 2,900km까지입니다. 맨틀의 온도는 위치에 따라 달라요. 지각 바로 아래는 1,000℃ 이고, 지구 중심으로 갈수록 점점 온도가 높아져서 외핵 근처에 이르면 5,000℃ 나 된답니다. 맨틀을 이루는 암석은 높은 열에 살짝 녹아 물렁한 고체 상태로 천천히 움직이고 있지요.

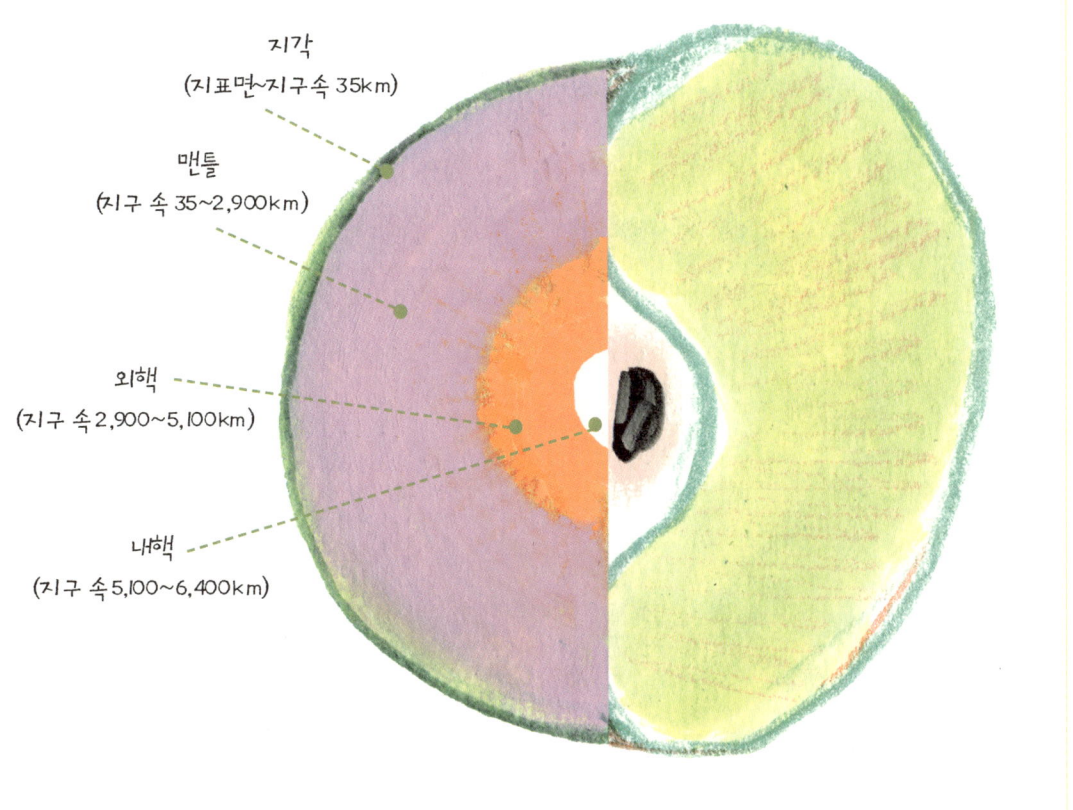

지각
(지표면~지구속 35km)

맨틀
(지구 속 35~2,900km)

외핵
(지구 속 2,900~5,100km)

내핵
(지구 속 5,100~6,400km)

맨틀의 아래부터 지구 속 5,100km까지를 외핵이라고 해요.
이곳의 온도는 4,000~5,000℃입니다. 매우 뜨겁지요. 그래서
외핵을 이루는 암석은 아예 액체 상태예요.

외핵 아래부터 지구 중심(지구 속 6,400km)까지를 내핵이라고
합니다. 내핵의 온도는 약 6,000℃예요. 이 정도 온도에서는 아무리
단단한 암석이라도 모두 녹아 버리지요. 하지만, 과학자들은 내핵의
암석이 고체 상태일 거라고 생각해요. 지각, 맨틀, 외핵의 무게가
어마어마해서 내핵을 꾹꾹 눌러 움직일 틈이 없거든요.
도대체 지구의 무게가 얼마이기에 그렇게 생각하느냐고요?
지구의 무게는 5970000000000000000000000kg입니다.
597뒤에 0을 22개나 붙여야 하다니, 정말 무겁죠?

어, 그런데 이게 무슨 소리일까요?
"냠냠냠, 쩝쩝쩝…."
깊은 땅속에서 잠자고 있던 퇴적암은 뜨거운 열기와 이상한 소리에
눈을 떴어요. 저 밑에서부터 뜨겁고 끈적끈적하고 빨간 것이 천천히
암석을 먹으면서 올라오고 있었어요. 바로 마그마예요.

마그마는 지각과 맨틀이 만나는 부분에서 만들어져요. 이곳의 온도는 1,000℃나 되기 때문에 암석과 토양이 열에 녹아 마그마가 됩니다.
이 마그마가 지각의 아래쪽을 따라 천천히 옆으로 움직이면서 지표면 바깥으로 나갈 기회를 호시탐탐 노리고 있나 봐요.

마그마가 부글부글 끓어오르기 시작했어요.
지표면은 들썩들썩하고요.
드디어 마그마가 출구를 발견했어요.

못 말리는 변덕쟁이, 화산

1963년 11월, 아이슬란드의 한 어부가 바다 위에서 물고기를 잡고 있었어요. 그런데 이상하게도 그날따라 물고기가 한 마리도 잡히지 않았어요.

배 위에서 쉬고 있던 어부는 멀리서 검은 연기가 모락모락 피어오르는 것을 봤어요. 그리고 그 근처 바닷물이 부글부글 끓고 있는 것도 보았답니다.

우리가 봤다면 깜짝 놀라서 허둥지둥할 일이었겠지만, 화산활동이 자주 일어나는 아이슬란드에 사는 어부는 아무렇지도 않은 듯 이렇게 말했어요.

"또 바닷속에서 작은 화산이 터졌나 보군."
그렇습니다. 바닷속 땅 밑에 있던 마그마가 해양 지각의 약한 틈을 뚫고 분출한 거예요. 화산활동이 시작된 거죠.
바닷물은 마그마의 열 때문에 부글부글 끓어오르는 것이고요.
그런데 이번 화산활동은 심상치가 않았습니다.
"우르르 쾅, 쾅"

천둥소리와 함께 수증기와 화산재로 가득한 검은
연기가 10km 높이까지 하늘로 치솟았고, 근처 마을
사람들은 독한 가스와 쉴 새 없이 날아드는 화산재, 암석
파편, **화산 폭탄*** 때문에 모두 피난을 가야했어요.
바닷속 화산이 뿜어낸 어마어마한 양의 마그마(용암)는
화산 분출물과 함께 **분화구*** 주변에 쌓여갔지요.
그런데 이 양이 얼마나 많은지 결국 바다 위까지
올라왔답니다. 새로운 섬이 만들어진 거예요.
그 후로도 화산활동은 멈추지 않고 계속됐고, 섬은
점점 커져 갔어요.
1967년, 드디어 화산활동이 멈추었어요. 3년 반 동안
계속 일어난 화산활동은 축구장 400개 크기의 작은
화산섬 쉬르체이를 만들었답니다.

* 지름이 10cm가 넘는 돌멩이들.
* 화산 분출물이 땅 밖으로 나와 생긴 움푹하게 팬 구멍

이 섬은 처음엔 무척 황량했어요.
푸석푸석한 화산재와 **용암***이 굳어서 만들어진
단단한 돌덩이(화성암)만 있었으니까요.
그런데 섬이 바뀌기 시작했어요.
새로 생긴 섬을 구경하러 날아온 새들의 똥 속에 있던 씨앗,
바닷물에 둥둥 떠다니다가 도착한 씨앗, 근처 섬에서 바람을
타고 날아온 씨앗들이 섬의 바위틈에 뿌리를 내리고 싹을
틔웠지요.
식물들이 잘 자라자 동물들도 하나둘 모여들었어요. 부러진
나뭇가지를 타고 바다를 건너온 곤충과 작은 동물, 하늘을
날아온 새가 정착했어요.
처음에는 생물이 살기 어려운 땅이었지만 여러 동식물이
힘을 합해 점차 살기 좋은 땅으로 변화시킨 거예요.

* 마그마가 지각 위로 나온 것을 용암이라고 해요.

우리나라의 제주도도 바닷속에서 일어난 화산활동으로 만들어진 화산섬이에요. 제주도는 화산활동이 무려 100만 년도 넘는 오랜 시간 동안 계속되었기 때문에 쉬르체이보다 660배나 큰 섬이 되었지요. 이밖에 울릉도, 하와이, 아이슬란드, 남태평양의 섬나라 등 지구에는 셀 수 없이 많은 화산섬이 있답니다.

화산활동은 바닷속(해양 지각) 뿐 아니라 육지(대륙 지각)에서도 일어나요. 그래서 평평한 들판이던 곳이 어느 날 높은 산이 되기도 하지요. 멕시코에 있는 파리쿠틴 화산이 그래요. 이곳은 원래 옥수수 밭이었는데, 9년 동안 화산활동이 계속되는 바람에 백두산만큼 높아졌답니다.
우리나라의 백두산과 한라산, 일본의 후지산도 바로 육지에서 화산 활동이 일어나, 평평했던 곳이 산이 된 경우예요.
화산활동은 땅을 만드는 선수인가 봐요!

그런데 화산 활동이 땅을 만들기만 할까요?
1883년 인도네시아의 크라카타우 섬에서 일어난 화산활동은 그 반대의 경우예요. 폭발이 너무 강해서 화산 분출물이 쌓이기는커녕,

섬을 구성하고 있는 암석을 반 이상 날려 버렸지요. 폭발이
약했다면 화산 분출물과 용암이 쌓여서 화산을 만들거나, 쉬르체이
섬처럼 땅을 만들었을 텐데 말이에요.
그래서 지금은 원래 크기의 반도 안 되는 아주 작은 섬이 되었어요.
미국의 세인트 헬렌즈 화산도 마찬가지예요. 원래는 높이가
2,900m였는데, 1980년에 일어난 화산활동 때문에 2,400m로
줄었어요. 정말 대단한 화산활동이죠?

화산은 못 말리는 변덕쟁이 같아요.
땅을 만들기도 하고, 없애 버리기도 하니까요.

어? 땅이 흔들려요!

여러분은 지진을 겪어 본 적이 있나요?
나는 지금까지 딱 한 번 지진을 느껴 봤어요.
2005년 3월 20일 오전 11시가 되기 몇 분 전, 나는 그때 컴퓨터 앞에 앉아 재미있는 과학 이야기를 쓰고 있었어요.
그런데 갑자기 컴퓨터 화면이 천천히 빙글빙글 도는 게 아니겠어요? 꼼짝할 수가 없었어요. 내 몸도 느릿느릿 빙글빙글 돌고 있었거든요.
나는 드디어 동화책에서만 보던 마법의 세계가 짠! 하고 나타나는 줄만 알았어요. 몇 초에 불과했지만 정말 신비한 느낌이었지요.

조금 있다가 텔레비전을 켜고 나서야 그 빙글빙글의 정체를
알게 되었죠. 바로 지진이었어요.

이 지진은 일본 후쿠오카 북서쪽 바다에서 발생한 것이었는데,
우리나라와 가까운 곳에서 일어난 것이라 우리나라에도 영향을
미쳤던 거예요. 내가 살고 있는 인천은 조금밖에 흔들리지
않았지만, 일본과 가까운 곳에 있는 부산과 경상도 지역은 그릇,
창문, 액자 등이 요란한 소리를 내며 흔들리고, 벽이 갈라질
정도였다고 해요.
일본 후쿠오카의 피해는 더욱 심했죠. 집이 무너지고, 도로가
갈라지고, 곳곳에 불도 나고, 사람들은 대피하느라 이리저리
뛰어다녀 아수라장이 되었어요.

지진은 오랜 옛날부터 아주 무서운 존재였어요.
평소엔 아무리 세게 쿵쿵 발을 굴러도 꿈쩍 않던 땅이 갑자기
흔들리고, 갈라지더니 몇 초 만에 한 도시를 폐허로 만들어
버리잖아요.

그런데 지진은 왜 일어나는 것일까요?
지진의 원인을 찾던 과학자들은 지진이 일어났던 지역을 지도에
표시해 보다가 놀라운 사실을 발견했어요.
지진이 주로 일본, 인도, 인도네시아, 터키, 미국 서쪽 바다 근처,
칠레, 지중해 연안에서만 일어난 거예요. 대서양 동쪽은 지진 발생
지역이 남북을 가로질러 줄줄이 소시지처럼 죽 늘어서 있었고요.
더욱 놀라운 것은 화산활동이 활발한 지역과 지진이 일어나는
지역이 거의 같았다는 점이에요.
반대로 오스트레일리아 한가운데, 미국 한가운데, 태평양 한가운데,
중국 한가운데, 브라질 한가운데 같은 곳은 지진도, 화산 폭발도
거의 일어나지 않았지요.
도대체 어찌된 일이죠?

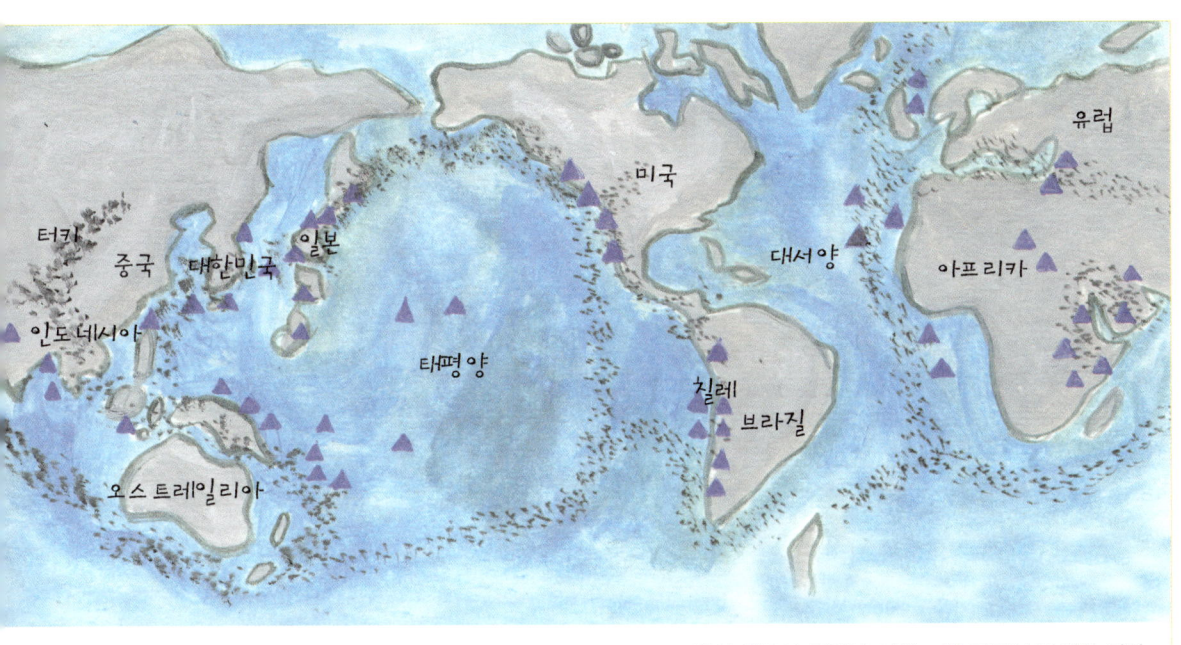

▲ 화산 활동이 일어난 지역   ∴ 지진이 발생한 지역

그것은 바로 지각이 10여 개의 크고 작은 조각으로 갈라져 있기 때문이었어요.
마치 부화하기 직전의 달걀처럼요!

 지구의 땅덩이는 원래 하나였어요

우리가 살고 있는 대륙은 처음엔 한 덩이였어요. 오랜 시간 동안 땅이 이동해서 지금의 세계지도 모양이 된 거죠.
베게너는 이 대륙 이동설을 처음으로 주장해서 세계의 과학자들을 놀라게 했답니다. 그럼 베게너의 주장을 들어 볼까요?

첫 번째 증거는 대륙들의 가장자리가 서로 비슷하다는 거예요.
아프리카와 남아메리카 땅의 가장자리뿐 아니라 아프리카 남쪽과 남극 대륙, 오스트레일리아, 인도의 가장자리도 잘 맞아 떨어지죠.

두 번째 증거는 아프리카와 남아메리카의 마주 보는 땅속의 지층이 똑같이 생겼다는 점이죠.
대서양을 가운데 두고 수천 킬로미터도 넘게 떨어진 두 지역의 지층이, 모양과 나이가 같다는 건 원래 붙어 있지 않고서야 불가능한 일 아닐까요?

세 번째 증거는 작은 동식물의 화석이었어요.
넓은 바다를 헤엄쳐서 건널 수 없는 작은 동물인 리스트로사우르스나 식물인 글로솝테리스의 화석이 몇 백 킬로미터나 되는 바다를 사이에 두고 있는 아프리카와 남아메리카, 오스트레일리아, 남극 등에서 모두 발견된 것이지요.

대륙이 하나였다는 증거

네 번째 증거는 커다란 얼음덩이인 빙하의 흔적이에요.
빙하는 아주 크고 무겁기 때문에 움직일 때마다 주변의 바위를 긁어 흔적을 남겨요. 그런데 지금 적도 근처에 있는 열대 지방인 인도 남부와 아프리카 등에서도 이 흔적을 볼 수 있답니다. 열대 지방은 일 년 내내 무더운 여름인데 어떻게 커다란 얼음덩이가 있을 수 있겠어요. 그러니까 인도와 아프리카 대륙이 먼 옛날에는 남극 근처에 있다가 오랜 세월에 걸쳐 서서히 지금의 적도 근처로 움직였다고 생각할 수 있지요.

어때요? 어린이 여러분들도 베게너의 생각에 동의하나요?

지구 껍데기가 움직인다고?

지각이 10개의 크고 작은 조각으로 갈라져 있다고 말한 사람은
영국의 지질학자 홈즈였어요.
그는 지각의 조각들이 움직이기 때문에 지진과 화산활동이
일어난다는 것도 밝혀냈지요.

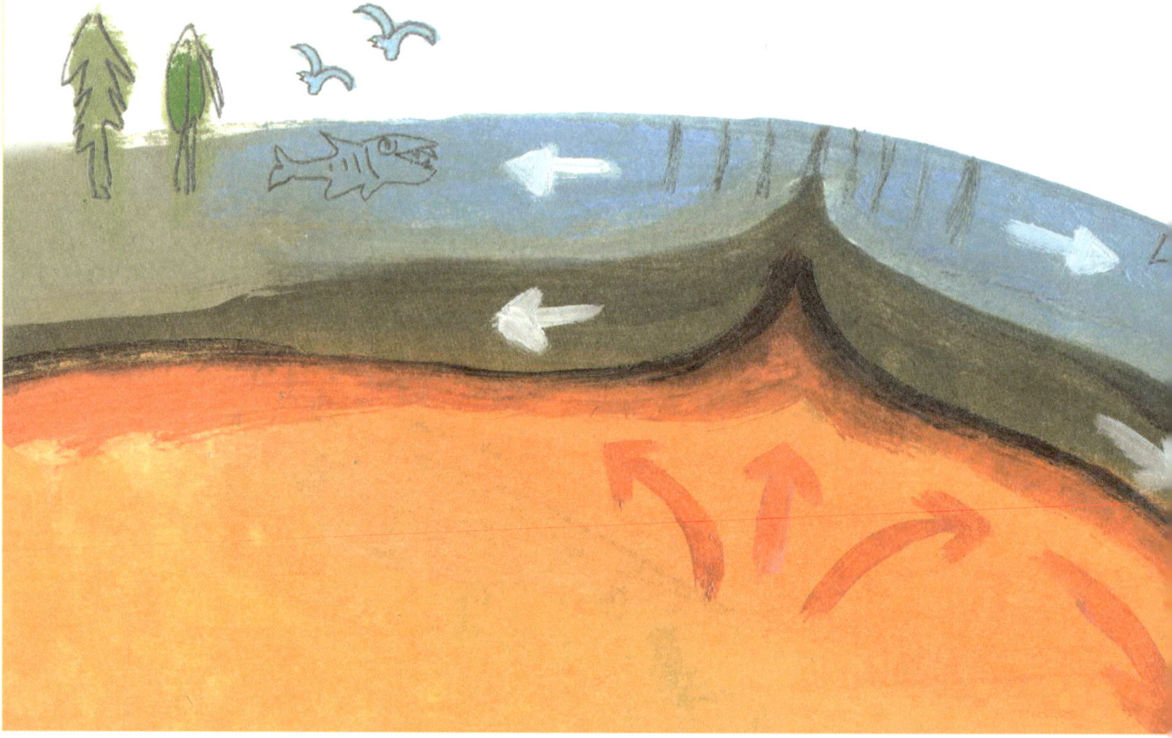

과학자들은 지각의 조각들을 가리켜 '판'이라고 해요. 지각 바로
아래는 맨틀이 있어요. 이 맨틀이 움직여서 그 위에 있던 지각 판도
같이 움직이게 되는 거예요.
맨틀이 조금 물렁한 고체라고 했던 것 기억나요?
지구 중심에 있는 뜨거운 핵 근처에서 데워진 맨틀은 지각 근처까지
올라갑니다.
지각 근처에 이르면 더이상 위로 갈 수 없기 때문에 맨틀은
양옆으로 갈라져 이동하지요.

맨틀이 양옆으로 갈라지면 그 위에 떠 있던 지각도
양옆으로 갈라지면서 투두둑 끊어집니다. 그
충격 때문에 지진이 발생하지요.
그리고 갈라진 지각 사이로 맨틀의
열에 녹은 암석(마그마)이

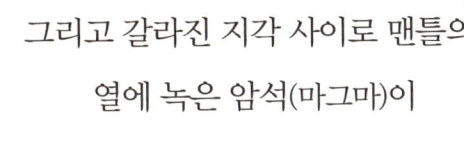

솟아올라 화산활동이 일어나는 거예요.
대서양 한가운데 있는 40,000km 길이의 해저 화산 산맥과 미국의 서쪽 바다 아래에 있는 화산 산맥이, 바로 서로 멀어지고 있는 판의 경계면이라서 지진과 화산활동이 자주 일어나는 거지요.

그럼, 양옆으로 갈라져 이동하던 맨틀은 어디로 갈까요?
맨틀에게 지각 근처는 추운 곳이에요. 지각 근처에서 양옆으로 움직이다가 식어 버린 맨틀은 다시 지구 속으로 가라앉아요.
이때 어떤 지각 판은 맨틀을 따라 지구 속으로 가라앉기도 하고, 어떤 지각 판은 다른 지각 판과 부딪히기도 해요.
이때의 충격으로 지진과 화산활동이 일어납니다.
일본과 히말라야 산맥은 서로 부딪히는 판의 경계면 위에 있기 때문에 지진이 자주 일어난답니다.
즉, 지각 판이 멀어지는 곳에서도, 지각 판이 만나는 곳에서도 지진과 화산활동이 일어나는 것이지요.

지금도 지구의 지각 판들은 움직이고 있어요. 우리가 눈치채지 못할 정도로 느리게 움직이긴 하지만요. 1년에 4cm쯤 말이에요.
지각의 조각들이 이렇게 움직이다 보면, 몇 억 년 후에 세계지도는 지금과 전혀 다른 모습이 될지도 몰라요.

지각 판들이 서로 부딪힐 때는 우리가 상상할 수 없을 정도로 강한 힘이 작용합니다. 이 힘에 못 이겨 암석은 변신을 해요.
엄청난 힘에 눌려 잠시 흐물흐물해지는 틈을 타 원래 암석을 이루던 알갱이들이 서로 자리를 바꾸기도 하고 다른 색깔로 변신하기도 한답니다. 그러다 다시 굳으면 검은색과 흰색의 굵고 예쁜 줄무늬 암석이 되지요.
이렇게 마그마의 열기에 의해 새로운 암석이 되거나, 높은 압력에 의해 변한 암석을 가리켜 변성암이라고 해요.

지구의 기후는 다양해요

지구 어디에 가든지 하늘, 바다, 땅(지각)이 있어요.
하지만 지구의 어느 부분에 있느냐에 따라 춥기도 하고 덥기도 하지요.
또, 근처에 바다가 있는 곳인가, 없는 곳인가 등의 지리적 환경에 따라 비가 많이 오는 곳과
비가 적게 오는 곳으로 나뉩니다.
같은 지구지만, 여러 가지 조건이 달라지면서 다양한 기후가 만들어졌어요.
지구의 다양한 기후에 대해 함께 알아볼까요?

기후에 따라 생물의 모습이 달라요

아주 먼 옛날, 한 여우가 겁도 없이 사자가 힘들게 잡은 먹이를 몰래 먹어 버렸어요. 그러자 사자가 쫓아왔지요. 여우는 열심히 도망갔어요.

헉헉, 북쪽으로 북쪽으로.

북쪽으로 가다 보니 날씨가 점점 추워졌어요. 사자는 도저히 추위를 참을 수 없어서 더 이상 여우를 쫓아오지 않았어요.

하지만 여우는 다시 남쪽으로 내려가지 않았답니다. 내려가면 다시 사자에게 쫓겨 다닐 테니까요.

북극여우

그래서 여우는 추운 날씨에서 살아남기 위해 몸 안에 지방을 저장하기 시작했어요. 뚱뚱해지기로 한 것이죠. 몸의 열을 낭비하지 않으려고 느릿느릿 움직였어요. 털도

하얀색으로 바뀌었지요. 여우의
자손들은 점차 추운 북극 지방에서
살기 알맞은 조건을 가지고
태어났어요. 북극에 사는 여우는
남쪽에 사는 여우와 아주 다른
모습이 되었지요. 수만 년에 걸쳐서
천천히 일어난 일이에요.

사막 여우

이처럼 기후는 생물이 살아가는 방식을 결정하는 중요한
요소예요.
지구에는 건조한 사막, 추운 극지방, 일 년 내내 후텁지근한 열대
밀림, 나무가 거의 없는 황량한 초원,
사람이 살기에 적당한
따뜻한 온대 기후에 이르기까지
여러 기후가 있지요.
그런데 지구에 이렇게 다양한
기후가 나타나는 이유는
뭘까요?

붉은 여우

지구의 기후를 결정하는 요소는 여러 가지가 있어요.
그중 가장 큰 영향을 미치는 것은 태양에너지의 양이지요.
지구는 둥근 공 모양인데다가 자전축이 살짝 기울어져 있기 때문에,
지역에 따라 지표면이 받는 태양에너지의 양이 달라요.
지구의 양쪽대기 부분(고위도, 북극과 남극)은 태양 빛이
비스듬하게 스쳐지나기 때문에, 지표면이 받는 태양에너지가 아주
적어요. 그래서 이곳은 매우 춥지요.
지구의 가장 볼록한 가운데 부분(저위도, 적도)은 태양 빛이 곧바로
들어오기 때문에, 지표면이 받는 태양에너지의 양이 아주 많아요.
그래서 이곳은 매우 덥죠.

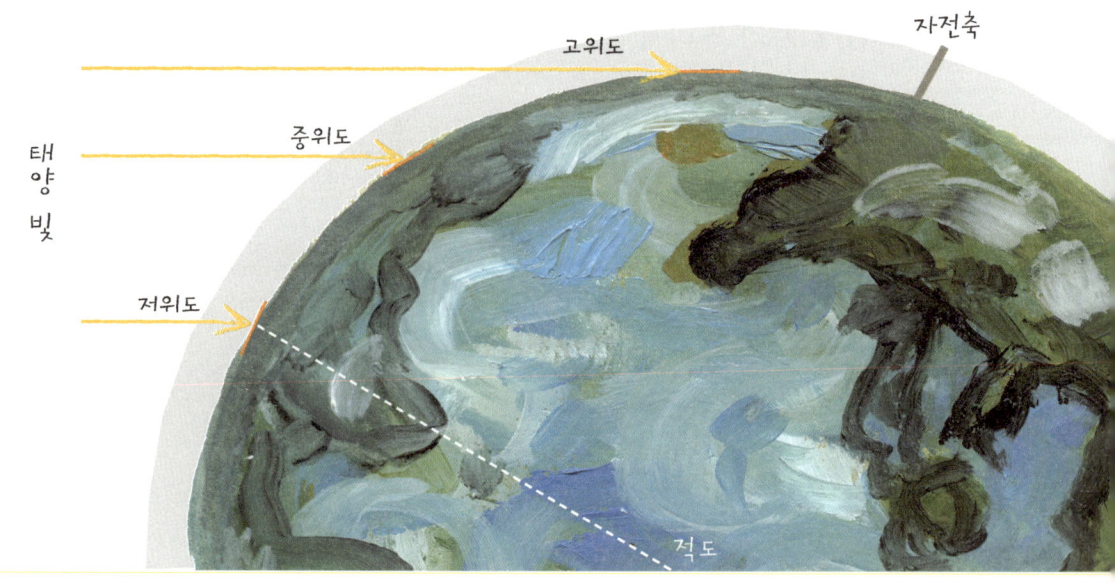

고위도와 저위도의 중간에 있는 부분(중위도)은 지표면이 받는 태양에너지의 양이 고위도와 저위도의 중간 정도예요. 그래서 이곳은 사람이 살기에 알맞은 정도로 따뜻하지요.

태양에너지 말고도 지구를 감싸고 있는 공기와 바다의 흐름, 육지나 바다의 위치에 따라서도 지역마다 기후가 달라져요.
예를 들면, 주위에 바다가 많은 곳은 공기 중에 물기가 많은 습한 기후가 되고, 바다와 멀리 떨어진 곳은 건조한 기후가 되지요.

이렇게 다양한 지구의 기후는 다양한 생활 터전을 만들어 놓았어요.
추운 곳에는 추위를 잘 견딜 수 있는 식물이 자라고, 비가 자주 내리지 않는 곳에는 몸속에 물을 보관하는 식물이 자라죠. 또 바람이 강하게 불고 추운 곳에는 키가 작은 나무나 풀이 자라요.
다양한 생활 터전에 적응해 살아가는 동물들의 모습도 다양해요. 북극으로 가 모습이 달라진 북극여우처럼 말이에요.
그럼, 지구마을을 돌아다니면서 다양한 지구의 기후와 그곳의 생물들에 대해 알아볼까요?

얼어붙은 세상, 한대 기후

고위도 지역(북극, 남극)은 지표면이 받는 태양에너지가 아주 적기 때문에 일 년 내내 춥답니다. 가장 더울 때에도 평균 기온이 10℃를 넘지 않지요. 비도 거의 오지 않아서 나무도 자랄 수 없어요.
이렇게 지구에서 가장 기온이 낮은 곳을 한대 기후 지역이라고 해요.
한대 기후는 일 년 내내 얼음이 꽁꽁 얼어 있는 빙설 기후와 이끼와 키 작은 덤불이 자라는 툰드라 기후로 나뉩니다.

빙하의 나라, 빙설 기후

일 년 중 가장 따뜻한 달의 평균 기온조차 0℃도 이하라서
일 년 내내 얼음이 꽁꽁 얼어 있는 곳을 빙설 기후 지역이라고 해요.
남반구에 있는 남극대륙과 북반구에 있는 그린란드 일부 지역이
이 기후에 속하죠.
빙설 기후 지역은 춥기 때문에 얼음과 눈이 절대로 녹지 않아요.
그래서 식물이 자랄 수 없지요.

하지만 아무도 없는 건 아니에요. 남극에는 펭귄과 덩치 큰 바다표범, 고래, 펭귄, 물개, 크릴 등이 살고, 북극에는 북극곰, 바다코끼리, 물개, 북극여우 등이 살고 있지요. 또 세계 여러 나라에서 온 과학자들이 남극과 북극에 있답니다.
빙설 기후 지역은 지구의 환경 변화를 관찰하기에 좋아요. 조금만 환경이 오염돼도 민감하게 반응하기 때문에 지구 환경이 어떻게 변하는지 금세 알아챌 수 있거든요.
'지구의 기후를 만들어 내는 곳'이라고 불릴 만큼 지구 기후에 큰 영향을 미치는 곳이기도 하답니다.

그래서 지구 여러 나라의 과학자들은 북극과 남극에 과학 기지를 만들고 지구 환경을 위한 여러 가지 연구 활동을 하고 있어요. 우리나라도 남극 지역에는 세종과학기지를, 북극 지역에는 다산과학기지를 세우고, 다른 나라와 협력하여 활발하게 연구하고 있답니다.

풀과 이끼의 나라, 툰드라 기후

한대 기후 지역은 너무 춥기 때문에 나무나 풀과 같은 식물이
자라기 어려워요. 하지만 여름철 한때 땅을 덮고 있던 얼음이
녹아 그 땅에 이끼와 키 작은 덤불이 자라는 곳이 있답니다.
이곳을 툰드라 기후 지역이라 하지요.
북극해를 둘러싸고 있는 유럽, 아시아 대륙과 북아메리카 대륙 등이
이 기후에 속하지요.
이곳의 연평균 기온은 0℃ 이하이고, 가장 더울 때의 평균 기온은
10℃를 넘지 않아요.

순록 떼

아무리 더워도 우리나라의 가을보다 따뜻해지지는 않죠.
짧은 기간이지만 이 기간 동안은 지표면의 눈이 녹아 이끼와 꽃들이 핍니다.
그래서 툰드라 기후 지역에는 에스키모, 라프족, 사모예드족과 같은 원주민들이 순록을 키우거나 물고기를 사냥해 먹으면서 살고 있어요.
에스키모 인들은 멀리 사냥을 나갈 때면 그곳에 며칠 동안 머물기 위해 이글루를 짓습니다. 얼음덩이를 적당한 크기로 잘라 쌓으면 반원 모양의 안락한 집이 완성되지요. 10명이 들어갈 수 있는 이글루를 두 시간이면 뚝딱 만들 수 있대요.
하지만 요즘엔 엔진이 달린 썰매가 있어서 멀리 사냥을 나갔다가 집으로 바로 돌아올 수 있대요. 그래서 이글루를 짓는 일이 거의 없답니다.

크리스마스트리의 고향, 냉대 기후

한대 기후 지역 아래는 냉대 기후 지역이에요. 겨울이 10월부터 4월까지로 길고, 눈도 많이 내립니다. 한대 기후 지역과 비교하면 이곳의 여름은 평균 기온이 10℃ 이상으로 꽤 따뜻하지만 눈 깜짝할 사이에 지나가고, 대부분은 추운 겨울이에요.
 북반구에 있는 캐나다, 러시아 북부, 북유럽 국가들 일부가 냉대 기후 지역이지요.

냉대 기후 지역에는 타이가라고 부르는 숲이 있어요. 크리스마스트리로 많이 이용하는 전나무, 가문비나무, 소나무 등 잎이 뾰족한 나무들이 엄청나게 많이 모여 커다란 숲을 이루고 있지요.
이곳에 사는 사람들은 추운 곳에서도 잘 자라는 밀, 보리 등의 농사를 지어 먹고 살아요. 집은 튼튼하고 난방이 잘 되도록 짓고요.

눈이 많이 오는 산악 지대에 사는
사람들은 스키를 타고 이동해요. 우리는
스키를 겨울 스포츠쯤으로 생각하지만, 이곳
사람들에게 스키는 신발이나 마찬가지랍니다.
보통 신발을 신고 다녔다가는 한 걸음 한 걸음
걸을 때마다 깊은 눈 속으로 발이 푹푹
빠져서 금세 지쳐 버릴 테니까요.
눈이 여러분들 키보다 훨씬 높이
쌓여있기도 하거든요.

사계절이 있어요, 온대 기후

냉대 기후 지역 아래로 내려가면 온대 기후 지역이 있습니다. 이곳은 가장 따뜻한 달의 평균 기온이 18℃ 보다 높고, 가장 추운 달의 평균 기온이 영하 3℃ 보다 높아요.

이 지역은 뚜렷한 사계절이 있고, 계절에 따라 온도차, 날씨 변화가 커요. 근처에 있는 냉대와 열대 기후의 영향을 받기 때문에 겨울엔 냉대 기후만큼 춥고, 여름엔 열대 기후만큼 덥지요.

영국, 프랑스 북부는 여름이 건조하고, 우리나라, 대만 등은 겨울이 건조하지요. 미국의 동부와 서부 해안, 오스트레일리아 동부, 일본 등은 사계절 내내 습기가 많답니다.

온대 기후 지역에 사는 식물은
계절에 따라 모습이 달라져요.
한 곳에서 사계절을 나야 하니까요.
대부분의 식물은 봄에 싹을 틔우기 시작해
여름엔 울창한 푸른 숲을 이루지만, 가을이 되면 낙엽을
떨어뜨리고, 겨울에는 벌거숭이가 돼요. 추운 겨울을 잘 이겨 내기
위해서죠.
식물은 이산화탄소와 물, 햇빛을 가지고 스스로 영양분을 만들어요.
그런데 추우면 햇빛이 약해 영양분을 잘
만들 수가 없어요. 그래서 나무는 잎을
붙잡고 있을 힘이 없어져서 모든
나뭇잎을 떨어뜨리는 거예요.
추운 겨울을 잘 견뎌 낸 나무들은
따뜻한 봄이 오면 다시 싱싱한 잎을
가득 피워 내지요.

계절에 따라 볼 수 있는 새도 달라요.

일 년 내내 한곳에서만 사는 텃새보다는 계절에 따라 여행을 다니는 철새가 더 많거든요.

우리나라의 예를 들어 볼까요?

여름이 되면 남쪽에서 제비, 뻐꾸기, 꾀꼬리 등의 여름 철새가 "열대 지방의 여름은 너무 더워서 살 수가 없다니까." 하며 우리나라로 날아와요.

그러다가 우리나라가 추워지면 다시 남쪽으로 돌아가지요.

겨울이 되면 북쪽에서 청둥오리, 큰고니, 댕기물떼새 등의 겨울 철새가 우리나라로 오지요. 북극 근처의 겨울은 너무 추워서 꽁꽁 얼어 버릴 정도거든요.

북쪽보다 따뜻한 우리나라에서 겨울을 보내고 봄이 되면, 겨울 철새들은 북쪽으로 돌아가요.

물이 부족해요, 건조 기후

비가 내리는 양보다 땅과 식물의 잎에서 대기 중으로 증발하는 물의 양이 더 많아서, 나무가 자랄 수 없는 곳을 건조 기후 지역이라고 해요. 건조 기후는 온대 기후가 나타나는 중위도 지역에서도 기압이 높은 곳에서 나타납니다.
건조 기후 중에서 1년 동안 내리는 비의 양이 25cm보다 많은 곳을 스텝 기후, 그 이하인 곳을 사막 기후라고 해요.

비가 거의 내리지 않는 사막 기후
햇빛이 강하고 비가 거의 내리지 않아 모래가 가득한 곳을 가리켜 사막 기후 지역이라고 해요. 사막은 지구의 한가운데인 적도와 온대 기후 지역 사이에 펼쳐져 있지요.
미국의 모하비 사막, 아프리카의 사하라 사막, 오스트레일리아 중앙 사막이 대표적인 곳이에요.

사막이 무덥고 물이 모자란 곳이긴 해도, 이 환경에 적응해서
살아가는 식물이 있어요. 다만 수명이 짧을 뿐이죠.
이곳에 사는 식물은 씨앗 상태로 모래 속에 숨어 있다가, 비가 오면
얼른 꽃을 피워 씨를 뿌리고 죽어요. 언제 또 비가 올지 모르니까요.

그럼, 사막에서는 비가 오지 않을 때는 식물을 볼 수 없는 걸까요?
"호호호, 여기 있잖아. 나, 선인장!"
선인장은 뚱뚱한 줄기 안에 물을 저장하고 있어요. 또 물을
낭비하지 않도록 잎들이 모두 가시로 바뀌었지요. 건조한 사막에서
살기에 딱 좋도록 말이에요.
무서운 가시를 잔뜩 가지고 있기 때문에 동물이 얼씬도 못할 것
같지만, 선인장은 작은 동물의 집이 되어 주는 착한 식물이랍니다.
사막 딱따구리, 올빼미, 사막쥐 등이 선인장에 구멍을 만들고
그 안에 살고 있어요.
사막에는 벌이나 개미, 독을 가진 뱀, 전갈도 많이 살고 있어요.
그러니 사막에 갔을 때는 이들에게 물리지 않도록
조심해야 해요!

"사막의 자동차인 나를 빼먹다니!"
어머, 잔뜩 기대하고 있던 낙타가 삐쳤나 봐요. 낙타는 사막의 교통수단이에요. 긴 다리를 뽐내며 뜨거운 모래 위를 걸어 다니지요. 불뚝 튀어나와 있는 혹 속에 영양분을 저장하기 때문에, 며칠 동안 물과 먹이를 먹지 않아도 살 수 있어요.
발바닥은 모래 위를 잘 걸을 수 있게 아주 넓고 두껍지요. 가끔 세찬 모래 바람이 불 때는 모래가 들어오지 않게 콧구멍을 막을 수도 있답니다.

사막에는 유목민이 살아요. 양과 소, 낙타를 기르면서 물을 찾아 여기저기 돌아다니지요. 그들은 물이 다 떨어지면 바로 떠날 수 있도록 천막 형태의 집을 짓고 살지요. 집을 만드는 데 30분이면 충분하답니다.
사막에 사는 유목민에게 필요한 것은 긴 옷이에요. 낮에는 햇빛이 너무 강해서 맨살을 드러내 놓고 있으면 피부가 상하거든요.
또 긴 옷은 모래 폭풍이 몰아칠 때도

몸을 보호할 수 있고, 햇빛을 막아 더위를 조금이나마 식힐 수 있어서 유용하지요.

긴 옷은 밤에도 필요해요. 해가 지고 밤이 되면 기온은 순식간에 영하로 떨어져요. 긴 옷은 이때 추위로부터 몸을 따뜻하게 보호해 준답니다.

작은 풀들이 춤추는 스텝 기후

스텝 기후 지역은 사막 근처에 넓게 퍼져 있어요. 스텝이란 단어는 중앙아시아의 '드넓은 초원'을 뜻하기 때문에 초원 기후라고도 부릅니다.

비가 적게 내리기 때문에 나무는 자랄 수 없지만 사막보다 비가 많이 와서 벼와 비슷하게 생긴 키 작은 풀들이 많이 자란답니다. 키 작은 풀들은 가축에게 좋은 먹이가 되죠. 그래서 스텝 기후 지역에서는 주로 목축업이 발달해 있어요. 북아메리카의 프레리, 아르헨티나의 팜파스 등이 대표적인 목축 지역이에요.

스텝 기후 지역 중에서도 중앙아시아, 러시아의 흑토지대 같은 곳은 비도 많이 오고, 땅에 영양분이 많아서 세계적으로 밀 수확량이 많답니다.

지구 생물의 집합소, 열대 기후

지구의 한 가운데인 적도 근처에 가면 일 년 내내 여름인
열대 기후 지역이 있습니다. 연평균 기온이 20℃ 이상인 곳을
가리켜 열대 기후라고 해요.
열대 기후는 비가 내리는 양에 따라 세 가지로 구분합니다.
일 년 내내 비가 많이 내려서 축축하고 무더운 날씨가 계속되는
열대 우림 기후, 비가 많이 오는 우기와 비가 거의 오지 않는 건기가
번갈아 나타나는 열대 초원 기후, 바람의 영향을 많이 받는 열대
몬순 기후로 구분하지요.
무더운 열대 기후가 어떻게 다른지 함께 알아볼까요?

지구의 허파, 열대 우림 기후
가장 비가 적게 내리는 달에도 강수량이 60mm가 넘는 곳을 가리켜
열대 우림 기후 지역이라고 해요. 이곳은 태양이 강하게
내리쬐어서 사람이 살기에는 무덥지만, 물이 많아 여러 생물에겐
천국 같은 곳이지요.

남아메리카의 아마존, 에콰도르, 콜롬비아, 아프리카의 콩고 등이 대표적인 열대 우림 지역입니다.
이곳에는 풀과 나무가 빽빽하게 우거진 원시림이 있어요. 키가 60m나 되는 키다리 나무에서부터 키가 겨우 1m인 난쟁이나무, 주위에 있는 식물을 둘둘 감으면서 자라는 덩굴 식물, 아예 땅바닥에 붙어서 사는 이끼와 버섯, 곰팡이까지 모두 모여 살지요. 특히, 아마존에는 지구에 살고 있는 모든 생물 종류의 반 이상이 살고 있어요. 게다가 원시림이 내뿜는 산소의 양은 어마어마해서 아마존 원시림을 '지구의 허파'라고 불러요.

아마존 정글 탐험은 목숨을 걸고 해야 해요. 숲이 빽빽해서 한 치 앞도 보이지 않는데다가 무섭고 희귀한 동식물이 많이 살고 있거든요. 알려진 동물보다 아직 알려지지 않은 동물이 더 많을지도 몰라요. 그러니 언제 어디서 위험한 동물이 나타날지 누가 알아요?

아나콘다

열대 원시림에는 우리에겐 낯설고 특이한 동물들이 많이 살아요.
몸길이가 14m인 길고 두꺼운 아나콘다는 물론이고, 5m가 넘는 악어, 타란툴라 같은 독거미, 커다란 모기, 독이 있는 식물을 곳곳에서 볼 수 있어요.
하지만 코끼리나 기린 같이 몸집이 커다란 동물은 살지 않아요. 식물이 너무 많아서 잘 움직일 수가 없거든요.

타란툴라 독거미

그래서 원숭이나 작은 표범같이 몸집이 작은 동물만 살아요.
하지만 몸집이 작다고 우습게보면 안 돼요.
보통 개미보다 4~5배나 큰 군대개미가 줄을 지어 이동할 때는 건드리지 않도록 조심해야 해요.
군대 개미
개미떼가 공격하면 너무 따끔거리고 아파서 견딜 수 없을 테니까요. 먹이가 필요하면 자기보다 4배도 더 큰 곤충을 사냥하고, 심지어는 독거미도 먹어 치워요. 배고픈 군대개미 식구가 지나간 자리에 있던 생물은 눈 깜짝할 사이에 싹 사라지는 거지요.

투칸

자기 머리보다 훨씬 큰 부리를 가진 투칸이란 새가 있는가 하면, 먹이가 부족할 때 강을 건너는 물소 떼를 공격해 잡아먹거나 사람을 공격하기도 하는 '이빨을 가진 물고기'란 뜻의
피라니아도 살고 있답니다.

피라니아

열대 원시림에 사는 원주민은 강가에 집을 지을 때 땅에
5~6m길이의 긴 말뚝을 박고 그 위에 나뭇잎과 나뭇가지를 엮어
집을 지어요. 1층엔 다리만 있고 2층에 집이 있는 셈이죠. 만약,
땅에 딱 붙여서 집을 지었다간 비가 많이 올 때, 넘치는 강물에 집이
쓸려 내려갈 수도 있거든요!

열대 원시림에는 이렇게 다양한 동식물이 살고 있지만, 개발하기가
쉽지 않대요. 돈이 너무 많이 들기 때문이죠. 이곳에 사는 원주민은
의식주를 스스로 해결한답니다. 그래서 농업이나 상업, 공업이
발달하지 않았어요. 그나마 개발된 지역에서는 고무, 사탕수수,
카카오 등을 재배하고 있지요.

건기와 우기가 뚜렷한 열대 초원 기후

아프리카와 남아메리카의 열대 우림 기후 지역을 둘러싸고 열대 초원 기후 지역이 나타납니다. 초원이긴 하지만 스텝 기후와는 조금 달라요.
일 년의 반은 건기, 나머지 반은 우기로 뚜렷하게 구분되고, 우기 때에는 스텝 기후 지역 보다 비가 많이 내린답니다. 이곳에서 자라는 풀들은 키가 1.6~3m나 돼요.

그래서 우기가 되면 풀과 나무가 무성하게 자라기 때문에 코끼리, 코뿔소, 얼룩말, 기린과 같은 초식동물이 배불리 먹이를 먹을 수 있답니다. 먹이를 잘 먹고 자란 초식동물이 많기 때문에 사자나 표범, 치타, 자칼과 같은 육식동물도 이때만큼은 먹이 걱정을 하지 않아도 되지요.

하지만 비가 거의 내리지 않는 건기에는 많은 식물이 말라 버려서 먹을 것이 부족해집니다. 그래서 건기가 다가오면 많은 초식동물이 물을 찾아 대이동을 하지요.

식물은 건기 동안에 씨앗을 남기고 말라죽습니다. 그러다가 우기가 오면 죽은 풀들이 남겨 놓은 씨앗에서 새싹이 돋아나거나 마른 나뭇가지에서 새 잎이 돋아나, 금세 무성한 초원을 이루지요.

열대 초원 기후 지역에 사는 사람들은 우기와 건기가 뚜렷한 점을 이용하여 주로 사탕수수, 커피, 담배 등의 농사를 지어요. 우기 때 오는 빗물을 받아, 물이 부족한 건기 때 사용하는 거죠. 그런데 받아 놓은 빗물을 다 써 버리거나 기상이변이 일어나 우기가 늦게 오면 사람들은 먹을 물조차 구할 수 없어서 고통을 겪는답니다.

아프리카의 사바나는 대표적인 열대 초원 기후 지역입니다. 그래서 열대 초원 기후를 다른 말로 사바나 기후라고도 부르지요. 사바나는 여러 종류의 동물이 살 수 있는 기후 조건을 갖추고 있습니다. '야생동물의 낙원'이라 불리지요. 아프리카에서는 이 지역의 일부를 야생동물 보호 구역(사파리)으로 지정하여 관광객을 불러 모으고 있어요.

바람이 만든 열대 몬순 기후

바람의 영향을 많이 받아 1년 중의 대부분은 비가 많은 우기였다가, 3~4달 동안 짧은 건기가 나타나는 곳을 열대 몬순 기후 지역이라고 합니다.
인도차이나 동쪽과 미얀마, 필리핀 등이 이 기후에 속해요.
열대 우림 지역만큼 우거지진 않았지만, 열대 몬순 기후 지역에도 나무와 풀이 무성하게 자라 밀림이 있어요. 비가 많이 오기 때문이지요. 그런데 물을 제대로 가두어 둘 수 있는 댐이 없어서, 이 기후에 속하는 지역에 사는 사람들이 쓸 농업용수나 생활용수가 그리 풍족한 편은 아닙니다.

지구는 우리를, 우리는 지구를 위하여!

지구에 대한 모든 이야기가 끝났어요. 그런데 어린이 여러분은 눈치챘나요? 우리가 알고 있는 동물이나 식물뿐 아니라 지구를 이루고 있는 땅, 하늘, 바다가 모두 살아 있다는 것을요!

땅은 지구에 가장 먼저 나타나 오랜 시간 동안 뜨거운 열과 화산활동을 이겨 내고 지구에 하늘이 생기게 도와주었어요.

하늘은 우리 눈에 보이지 않지만, 공기로 가득 차 있어서 생명체가 살기 좋게 지구를 보호해 주고 있지요.

바다는 또 어떻고요! 모든 물의 고향 바다에서 증발한 수증기는 구름이 되고, 바람은 이 구름을 육지 위로 데려가고, 구름은 고마운 비를 뿌려 육지에 사는 수많은 생물이 살아갈 수 있게 해 주어요.

가끔 태풍이나 지진, 화산 등 자연재해가 일어나서 엉망이 되어 버리더라도 곧 작은 생명체가 찾아와 하늘, 바다와 힘을 합쳐 다시 예전처럼 아름다운 모습을 되찾을 수 있게 도와줍니다.

이렇게 땅, 하늘, 바다, 생물은 서로 연결되어서 살아 있는 생명처럼 완벽하게 조화를 이루고 있습니다.

이런 지구가 요즘 큰 위험에 빠졌어요.

사람들은 필요한 양보다 더 많이 가지려 하고, 더 편리한 생활을 하기 바라거든요. 그래서 지구가 간직하고 있던 자원을 많이 캐냈어요. 유용한 자원은 점점 줄고, 지구를 덥게 만드는 공기를 점점 많이 내뿜게 되었죠. 이 영향으로 수천만 년에 걸쳐 만들어진 거대한 빙하가 녹아 바닷물 높이가 높아지고, 사막이 넓어지고 있어요. 자외선을 막아 주는 고마운 오존층도 인간이 좀 더 편리한 생활을 하기 위해 만든 화학물질에 의해 파괴되고 있고요.

인구가 아주 많아져서 사람들이 살 집도 더 많이 필요해졌지요. 집을 짓는 데 필요한 재료나 돈을 얻기 위해서 사람들은 공장을 짓고, 가축을 키우고, 농작물을 재배했어요.

이렇게 지구의 곳곳을 개발하다 보니, 인간은 야생 동물의 삶터인 산과 숲, 강과 바다를 파괴하고 말았어요.

지구는 몸이 아파서 더 이상 참을 수가 없어졌어요. 그래서 기상 이변을 일으켜 사람들에게 경고하기 시작했지요.

강력한 태풍이 자주 찾아오고, 겨울인데도 이상하게 따뜻한 날이 많고, 여름이 오려면 아직 멀었는데 갑자기 무더워졌어요.

영문을 모르던 사람들은 지구에 왜 이런 이상이 생기는지 연구를 했어요. 그리고 그동안 지구에 어떤 잘못을 해왔는지 차차 깨닫게 되었죠. 지금은 많은 사람들이 자신들의 행동을 반성하고 지구를 보호하기 위해 열심히 노력하고 있답니다.

어린이 여러분도 지구를 위해 우리가 할 수 있는 일들을 함께 생각해 보아요!

자원 재활용, 분리수거 잘하기
일회용품 안 쓰기
산이나 강에 놀러갔을 때 쓰레기 함부로 버리지 않기
나무 심기
야생 동식물을 소중히 아껴 주기
어른들께 지구의 소중함을 알리는 편지쓰기

교과부, 문광부, 환경부가 우수도서로 인증한

토토 과학상자 시리즈

우리나라 과학 전문 필자가 우리 어린이의 눈높이에 맞춰 쓴 과학책!
생물 지구과학 물리 화학 등 모든 과학 분야의 기본 원리를 친절하게 알려줍니다.

    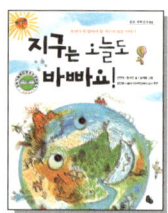 

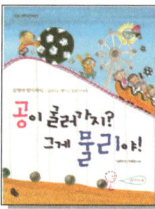     

 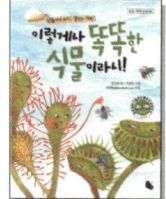    

  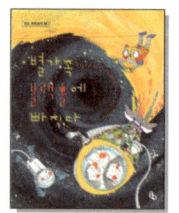   

〈토토 과학상자〉는 24권까지 모두 나왔습니다.
홈페이지 www.totobook.com 에서 과학퀴즈를 풀고 상품을 받으세요.